ÉTUDE

SUR

LA CONVENTION

CONCLUE LE 30 JUILLET 1891

ENTRE

LA FRANCE ET LA BELGIQUE

ET RELATIVE A L'APPLICATION DES LOIS

QUI RÈGLENT

LE SERVICE MILITAIRE DANS LES DEUX PAYS

PAR

Armand LAINÉ

Professeur à la Faculté de droit de Paris.

(EXTRAIT du *Bulletin de la Société de Législation comparée*.)

PARIS
LIBRAIRIE COTILLON
F. PICHON, SUCCESSEUR, ÉDITEUR
Libraire du Conseil d'État et de la Société de Législation comparée
24, Rue Soufflot, 24

1892

ÉTUDE

LA CONVENTION

CONCLUE LE 30 JUILLET 1891

LA FRANCE ET LA BELGIQUE

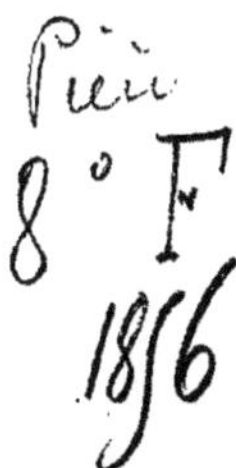

ÉTUDE

SUR

LA CONVENTION

CONCLUE LE 30 JUILLET 1891

ENTRE

LA FRANCE ET LA BELGIQUE

ET RELATIVE A L'APPLICATION DES LOIS

QUI RÈGLENT

LE SERVICE MILITAIRE DANS LES DEUX PAYS

PAR

Armand LAINÉ

Professeur à la Faculté de droit de Paris.

(Extrait du *Bulletin de la Société de Législation comparée.*)

PARIS

LIBRAIRIE COTILLON

F. PICHON, SUCCESSEUR, ÉDITEUR

Libraire du Conseil d'État et de la Société de Législation comparée

24, Rue Soufflot, 24

1892

ÉTUDE

SUR

LA CONVENTION

CONCLUE LE 30 JUILLET 1891

ENTRE

LA FRANCE ET LA BELGIQUE

SOMMAIRE : I. Le conflit du Code civil français avec le Code civil belge et avec les lois de certains cantons suisses. — Décisions judiciaires rendues en France de 1868 à 1881. — Appréciation de cette jurisprudence. — Inconvénients de la situation, aggravée encore par de nouvelles lois, particulièrement au point de vue du service militaire.— II. La convention franco-belge du 5 juillet 1879 : son histoire, son texte et les causes de son échec. — La convention franco-suisse du 23 juillet 1879. — III. Nouveaux éléments de conflits entre les législations française et belge. — La pétition d'Émile Carlier. — Revirement des esprits en Belgique. — Ratification, en 1888, par le Parlement belge, de la convention de 1879. — IV. Les lois françaises du 26 juin 1889 sur la nationalité et du 15 juillet 1889 sur le recrutement; les lois belges du 6 mai 1888 et du 16 juillet 1889; en quoi les innovations résultant de ces lois intéressaient les rapports de la législation française avec la législation belge. — V. La convention du 30 juillet 1891 : son texte; observations sur ses dispositions principales; examen des questions auxquelles elle donne lieu. — VI. Quelques indications sur les pays avec lesquels des conventions semblables pourraient être faites.

I

L'objet de la convention franco-belge conclue le 30 juillet 1891 et promulguée le 1ᵉʳ janvier 1892 est de mettre fin, au point de vue du service militaire, à une situation à la fois pénible et injuste qui résultait du conflit des législations française et belge concernant la nationalité.

Les Codes civils sont en grande partie semblables en France et en Belgique parce que, à l'origine, en 1804, ils formèrent pour les Français et pour les Belges un Code unique et commun. Ils étaient même identiques, au sujet de la nationalité d'origine, avant la loi française du 26 juin 1889, qui a profondément modifié la matière (1). L'un et l'autre avaient pour principe que la filiation devait déterminer la nationalité de l'enfant, à sa naissance. L'article 10, paragraphe 1, du Code français portait : « Tout enfant né d'un Français en pays étranger est Français. » Et, de même, l'article 10, paragraphe 1, du Code belge : « Tout enfant né d'un Belge en pays étranger est Belge. » Mais en même temps ils faisaient l'un et l'autre, dans leur article 9, aux enfants nés de parents étrangers sur le sol français ou belge une situation particulière : ils leur accordaient le droit de réclamer, dans l'année suivant l'époque de leur majorité et sous certaines conditions faciles à remplir, la qualité de Français ou de Belge. Ils étendaient, en outre, dans le paragraphe 2 de leur article 10, le même droit aux enfants nés de parents qui, avant leur naissance, avaient eu et perdu la nationalité française ou belge.

A première vue, les deux lois, étant identiques, se trouvaient en harmonie parfaite. Considérées de plus près, elles contenaient une véritable et très vive antinomie, qui devenait manifeste lorsqu'au lieu de placer les textes des deux Codes sur des lignes parallèles, on les mettait en face les uns des autres. L'article 10, paragraphe 1, du Code français, qui d'une manière absolue attribuait la nationalité française aux individus nés de parents français, s'opposait à l'option accordée soit par l'article 9, soit par l'article 10, paragraphe 2, du Code belge. Et de même, à l'inverse, l'article 10, paragraphe 1, du Code belge paralysait l'effet de l'article 9 et de l'article 10, paragraphe 2, du Code français. Que, par exemple, un individu né de parents français en Belgique vînt à user du bénéfice que lui conférait l'article 9 du Code belge, il était désormais Belge au regard de la Belgique. Il était Belge en vertu du droit souverain qui appartient à chaque État de régler

(1) Il faut d'ailleurs remarquer que cette matière ne fut pas régie par le Code civil, en Belgique, de 1815 à 1830 ; elle fut soumise à la Constitution du royaume des Pays-Bas, dont le système était différent. « Aux termes de l'article 8 de cette Constitution, la naissance sur le sol belge suffisait pour conférer la nationalité. » (Cogordan, *La Nationalité au point de vue des rapports internationaux*, 2ᵉ édit., p. 53).

selon ses convenances la nationalité ou l'extranéité des personnes qui se trouvent par quelque côté dans sa dépendance. Mais, quoique devenu Belge, il n'avait pas cessé d'être Français au regard de la France; car, en vertu du même droit, l'article 10, paragraphe 1, du Code français lui avait imprimé cette qualité dès sa naissance et le retenait dans les liens de la nationalité française.

Tel fut, du moins, le verdict de notre Cour de cassation, auquel se soumirent, après un débat intéressant, les tribunaux et les Cours d'appel.

La question ne se présenta que tardivement devant la justice. L'intérêt, cependant, en était à divers points de vue considérable : en France et en Belgique, à l'antinomie des Codes s'était ajoutée celle de lois postérieures qui ne concordaient pas davantage soit avec ces Codes, soit entre elles ; d'autres pays que la Belgique avaient une législation analogue et en même temps contraire à la nôtre ; beaucoup d'individus, par conséquent, se trouvaient revêtus d'une double nationalité, et les inconvénients de cette situation sont multiples. Ce furent les revendications de l'administration française au sujet du service militaire qui, rencontrant des résistances, provoquèrent l'intervention des juges. Et cela, tout d'abord, à l'occasion du conflit de l'article 10 de notre Code civil avec la législation de Genève et celle de Neuchâtel. Les lois de ces cantons contenaient des dispositions analogues à l'article 9 de notre Code ou bien étendaient la naturalisation du père de famille à ses enfants mineurs. Des jeunes gens d'origine sarde y recoururent, afin de se soustraire à la nationalité française que le traité de Turin leur avait imposée.

Une première fois, un jeune homme né, le 16 avril 1847, d'un père Savoisien, à Genève, où son père était domicilié et se fit naturaliser le 3 avril 1860, né et resté sujet sarde, malgré ces faits, en vertu des articles 19, 20 et 34 du Code de Sardaigne, puis devenu Français par suite de l'annexion de la Savoie, excipa devant le conseil de révision de la qualité de citoyen génevois. Il se prévalait des lettres de naturalisation que son père avait obtenues du Conseil d'État du canton de Genève pour lui et ses enfants mineurs et d'une déclaration que lui-même, le 18 avril 1868, avait remise au maire de Ville-la-Grand, en Savoie, portant qu'il déclinait la qualité de citoyen français pour conserver celle de citoyen génevois. Il produisait un document émanant du Conseil d'État de Genève et attestant que, dès la naturalisation de son père, il avait toujours été considéré et traité comme citoyen génevois et se trouvait soumis au service militaire dans les milices cantonales. Saisi de la question par le préfet de la Haute-Savoie, le tribunal de Saint-Julien, le 11 avril 1868, fut d'avis que ce jeune homme avait conservé la qualité de Français. La Cour de Chambéry, au contraire, déclara, le 5 juillet 1869, qu'il l'avait perdue. Mais son arrêt fut cassé le 3 août 1871 (1). Deux ans après, le 29 avril 1873 (2), dans une affaire analogue et sur une réclamation nouvelle du préfet de la Haute-Savoie, la Cour de Chambéry persista dans sa jurisprudence, et son arrêt fut encore cassé le 19 août 1874 (3). Une troisième fois, le 26 janvier 1876, ce fut la Cour de Toulouse qui, sur les poursuites exercées par le préfet de l'Ariège, eut à statuer à l'égard d'un jeune homme qui avait agi dans le canton de Neuchâtel comme les deux précédents dans celui de Genève. Elle adopta la doctrine de la Cour suprême (4).

La jurisprudence était ainsi formée lorsque le conflit entre le Code français et le Code belge, demeuré jusqu'alors latent, éclata enfin dans le Nord, à propos de l'option faite successivement par les trois fils d'un Français nommé Carlier, tous trois nés en Belgique, tous trois devenus Belges en vertu de l'article 9 du Code civil belge. Malgré les précédents qui viennent d'être relatés, les deux premiers obtinrent du tribunal de Valenciennes, le 14 juin 1877 et le 25 juin 1879, une décision favorable qui ne fut pas frappée d'appel (5). Mais leur frère, Émile Carlier, n'eut pas la même fortune. Inscrit sur les listes du recrutement en France, bien qu'il eût opté pour la Belgique et qu'il y eût rempli ses obligations militaires, il succomba dans son action contre le préfet du Nord. Le tribunal de Valenciennes, revenant sur son premier sentiment, déclara, le 4 août 1881, qu'il n'était dans aucun des cas expressément déterminés par les articles 17, 19 et 20 du Code civil comme faisant perdre la qualité de Français, et ce jugement fut confirmé par la Cour de Douai, le 14 décembre 1881 (6). La Cour suprême s'étant déjà prononcée deux fois, sur l'avis même de ses

(1) Dalloz, 1871, 1, p. 242; Sirey, 1871, 1, p. 200.
(2) Sirey, 1873, 2, 105.
(3) Dalloz, 1875, 1, 151; Sirey, 1875, 1, 52.
(4) Sirey, 1876, 2, 177.
(5) Voy. dans la *Pétition de Carlier*, p. 13, la consultation de M. de Folleville.
(6) *Journal du Droit international privé*, 1882, p. 416.

— 9 —

conseils, Émile Carlier s'abstint de former un pourvoi. Le débat
judiciaire était définitivement clos, la jurisprudence fixée.

Il peut sembler inutile, aujourd'hui, d'insister sur cette jurisprudence, puisque, dans les rapports de la France avec la Belgique,
une convention l'a écartée. Mais, si l'examen démontre qu'elle
était l'exacte expression du droit, que par conséquent le conflit était
juridiquement insoluble, la nécessité d'une intervention diplomatique n'en sera que plus manifeste. Or, il me semble bien que la
sentence prononcée par la Cour suprême était conforme à la vérité
juridique.

Dans son premier arrêt, la Cour de Chambéry s'était fondée sur
l'analogie que présentait la loi de Genève avec l'article 9 de notre
Code civil. Elle s'inspirait ainsi de l'idée que le législateur français, en invitant les étrangers nés en France à consolider le lien
territorial créé par leur naissance, n'avait pas pu défendre aux
Français nés en pays étranger de répondre à une invitation semblable de la loi étrangère. A défaut de texte formel, l'article 9 du
Code civil lui-même contenait la reconnaissance implicite du droit
pour les Français nés en pays étranger d'abdiquer la qualité de
Français par une déclaration pure et simple, conforme à la loi de
leur pays natal (1). La Cour de cassation répondit que c'était faire
une fausse application de l'article 9 du Code civil ; que si ce texte
autorise l'enfant né en France d'un père étranger à réclamer, dans
l'année de sa majorité, la qualité de Français, « il n'admet pas,
réciproquement, que l'enfant né d'un Français en pays étranger
puisse abdiquer sa nationalité d'origine pour acquérir celle du lieu
de sa naissance ; que peu importe que la législation génevoise
contienne des dispositions analogues à celles de l'article 9 du Code
civil, puisque cette législation ne peut produire en France aucun
effet contraire à la loi française, chaque pays étant libre et indé-
pendant dans l'exercice de sa souveraineté ». Des deux interpré-
tations données ainsi de l'article 9, la première était la plus équitable, la seconde la plus juridique, et par conséquent la meilleure ;
car la nationalité appartient au droit public, non moins qu'au
droit privé, et dans les matières de droit public les considéra-
tions d'équité ne peuvent suppléer au silence des textes, la réciprocité n'existe que si elle est formelle.

Cependant, ce fut aussi sur ce terrain qu'Émile Carlier se plaça

(1) Comp. Renault, dans *Revue critique*, 1882, p. 718.

devant le **tribunal** de Valenciennes et la Cour de Douai. Il ajoutait seulement que, d'après la jurisprudence belge, la déclaration faite en vertu de l'article 9 du Code belge avait un effet rétroactif, que par conséquent il était Belge de naissance et n'avait jamais été Français. Mais, quand même l'allégation concernant la jurisprudence belge eût été exacte, alors qu'elle était fort contestable, la thèse principale n'était nullement fortifiée par cette considération secondaire. La justice française n'en pouvait tenir compte que s'il lui était permis de faire prévaloir l'article 9 du Code belge sur l'article 10, paragraphe 1, du Code français. Et juridiquement elle ne le pouvait pas. Sans doute le tribunal de Valenciennes et la Cour de Douai s'exprimèrent mal en déclarant en termes généraux que les lois étrangères ne sont pas exécutoires en France, que les tribunaux français ne sauraient avoir pour mission d'interpréter et d'appliquer une législation étrangère qu'ils ne connaissent pas dans son ensemble (1). Mais ils eurent raison de dire que l'article 10 du Code français s'opposait à l'application en France de l'article 9 du Code belge (2).

Dans son deuxième arrêt, la Cour de Chambéry soutint une thèse toute différente. Elle recourut à l'article 17 du Code civil, aux termes duquel la qualité de Français se perd par la naturalisation acquise en pays étranger. Elle prétendit que l'option pour une nationalité étrangère en vertu d'une loi semblable à l'article 9 du Code civil était une naturalisation d'une certaine sorte, rentrant dans les prévisions de l'article 17. N'est-il pas vrai, dit-elle, que chaque pays, dans l'exercice de sa souveraineté, est maître de déterminer le mode de naturalisation des étrangers auxquels il veut accorder le bénéfice de la nationalité? N'est-il pas vrai, par conséquent, que le législateur français, en attachant la perte de la nationalité française à une naturalisation acquise en pays étranger, s'est référé à la naturalisation telle qu'elle est réglée dans ce pays? Dès lors, si dans ce pays l'option pour la nationalité locale, fondée soit sur le lien territorial, soit sur la naturalisation du père de famille, est considérée comme un mode de naturalisation, comment pourrait-on contester qu'elle ait pour effet d'éteindre, aux termes de l'article 17 de notre Code, la qualité de Français?

Cette argumentation, je le reconnais, est extrêmement spécieuse,

____

(1) Voy. Renault, *loc. cit.*

(2) Comp. dans le même sens Weiss, *Traité élémentaire de droit international privé*, 2ᵉ édit., p. 330.

et je ne suis pas surpris que des jurisconsultes de grande autorité
l'aient admise. On y a, d'ailleurs, ajouté une raison plus pressante
encore : la pensée de notre législateur a été, dans l'article 17, que
l'on ne peut avoir deux patries, et par conséquent la portée de ce
texte est d'ôter la qualité de Français à quiconque viendrait à
acquérir celle de citoyen étranger (1). Je reconnais aussi que la
Cour de cassation ne fit pas à la Cour de Chambéry une réponse
décisive en se fondant, pour écarter sa doctrine, sur la circonstance que l'intéressé était soumis au service militaire en France
au moment où il avait opté pour une nationalité étrangère ;
avant la loi du 26 juin 1889, cette situation n'était pas une cause
d'incapacité (2). Cependant, j'incline à croire que, même à ce
point de vue, dans sa décision, la Cour suprême a bien appliqué
notre loi.

Le mot de naturalisation me paraît avoir été pris par les rédacteurs de l'article 17 dans son acception propre et technique. Il ne
comprend pas, là, comme il arrive souvent aujourd'hui, tout acte
conférant une nationalité nouvelle ; il désigne seulement l'acte par
lequel un individu absolument étranger à tel pays, n'y tenant ni
jure soli ni *jure sanguinis*, en devient le sujet par une faveur qui
lui est accordée, en vertu d'une sorte de contrat conclu entre le
gouvernement de ce pays et lui-même. Pour nous en assurer, envi-
sageons d'abord la naturalisation comme mode d'acquérir la qualité de Français. A ce point de vue, lors de la rédaction du Code,
la naturalisation et l'option pour la qualité de Français étaient
deux choses nettement et profondément distinctes. La première
était l'objet de l'article 3 de la Constitution de l'an VIII, interprété
par un avis du Conseil d'État du 20 prairial an XI ; la seconde fut
réglée par l'article 9 du Code civil. L'une s'appliquait à des individus n'ayant avec la France que le lien du domicile, l'autre à des
individus nés sur le territoire français. Celle-là était obtenue par
une faveur, après un long stage (3) ; celle-ci fut conférée par la loi
comme un droit, que l'on put exercer dès l'âge de la majorité.

(1) Renault, dans *Revue critique*, 1882, p. 721 ; Esmein, dans Sirey, 1884, 2, 1 ;
Le Poutre, avocat à Bruxelles, dans *Pétition de Carlier*, p. 8.

(2) Renault, *eod. loc.*

(3) Déjà l'avis du Conseil d'État du 20 prairial an XI décidait que l'établissement en France afin d'arriver à la naturalisation ne pouvait avoir
lieu qu'avec l'autorisation du gouvernement. Bientôt, le décret du 17 mars
1809 vint déclarer : « La naturalisation est accordée par un acte du pouvoir exécutif. »

Cette dernière différence était capitale et la cause en est saisissante : alors que les individus admis à la naturalisation étaient et avaient toujours été dans toute la force du terme des étrangers, ceux à qui l'on donnait le droit d'option étaient naguère des Français et maintenant étaient encore considérés comme des demi-Français. La qualité de Français, en effet, leur avait appartenu dans notre ancienne France et dans le droit intermédiaire. Le projet du Code civil même la leur maintenait ; c'était le sentiment du premier Consul, adopté par le Conseil d'État. Le Tribunat fut d'un avis tout opposé : l'ancien principe lui parut féodal ; à ses yeux, c'était la filiation qui devait fixer la nationalité. Les deux opinions se fondirent en une seule, par une sorte de transaction, et formèrent un système mixte, celui de l'article 9. Il consista, suivant l'expression de Siméon (1), à « accorder à l'individu né en France les droits des Français, s'il ne veut pas rester attaché à sa patrie originaire », ou, comme dit Treilhard (2), à considérer cet individu « comme un enfant adoptif qu'il ne faut pas repousser quand il promettra de se fixer en France et qu'il y établira de fait son domicile. » En d'autres termes encore, on se rallia à la combinaison qu'avait soutenue Tronchet, au Conseil d'État : Admettre que le fait de la naissance sur le sol français pût conférer la qualité de Français, mais demander que cette qualité fût acceptée par l'étranger (3). Ainsi, d'après l'article 9 du Code, les individus nés sur notre territoire ont déjà pied dans la nationalité française ; ils peuvent s'en dégager, et leur silence, à une certaine époque, est pour cela suffisant ; mais, s'ils veulent y entrer tout à fait, confirmer la qualité dont ils sont provisoirement investis, « réclamer » la nationalité française, ils en ont le droit. Combien ce mode de devenir Français est différent de la naturalisation ! Combien il est manifeste que le mot de naturalisation, en 1804,

(1) Séance du 22 frimaire an X, rapport sur le chapitre « De la jouissance des droits civils ».

(2) Exposé des motifs devant le Corps législatif, dans la séance du 6 ventôse an XI.

(3) Comp. Le Poutre, dans *Pétition de Carlier*, p. 6 ; l'avocat belge rapporte les dires de Merlin, qui, quelque part, appelle l'enfant dont il s'agit « un Français commencé » et ailleurs s'exprime ainsi : « La France adopte généreusement, dès sa naissance, tout étranger qui vient au monde dans son sein ; elle lui demande seulement de *ratifier* cette adoption dans l'année de sa majorité. » Mais, alors, comment M. Le Poutre a-t-il pu, ensuite, soutenir que l'option faite en vertu de l'article 9 du Code civil était assimilable à la naturalisation?

avait un sens étroit, technique, lorsqu'il était appliqué à l'acquisition de la nationalité française ! Eh bien, si maintenant nous considérons la naturalisation comme mode d'extinction de la nationalité française, nous est-il possible d'admettre qu'à ce point de vue le même mot ait un sens différent, désigne tout changement de patrie et même s'applique à une option qui n'est pas un changement de patrie, mais simplement l'acceptation définitive d'une patrie originaire ? Je ne le crois pas. Dans la législation du premier Empire, maintenue jusqu'à la loi du 26 juin 1889, de même que l'option pour la nationalité française effectuée en vertu de l'article 9 du Code civil n'était pas une naturalisation en France, de même la naturalisation en pays étranger autorisée par l'article 17 du même Code ne comprenait pas l'option pour une nationalité étrangère faite en vertu d'une disposition semblable à celle de l'article 9.

Telle devrait être la conclusion de cet exposé historique, alors même que l'article 9 du Code civil belge aurait, lui, un sens différent de l'article 9 du Code civil français et réglerait un mode d'acquérir la nationalité belge analogue à la naturalisation. Même alors, il serait permis de dire : le législateur français, dans l'article 17, a pris le mot de naturalisation au sens français, non pas au sens belge ; car chacun parle dans sa langue propre. Mais il y a plus, l'article 9 du Code belge est précisément le même, et dans sa lettre et dans son esprit, que l'article 9 du Code français, par conséquent, lui aussi, se réfère à tout autre chose que la naturalisation proprement dite. L'argumentation de la Cour de Chambéry se trouve donc ruinée par sa base.

Quant aux dispositions des lois de Genève et de Neuchâtel qui étendaient la naturalisation du père de famille à ses enfants mineurs, une considération différente, signalée par la Cour de Toulouse dans son arrêt du 26 janvier 1876, empêchait qu'elles ne fussent appliquées ; elles étaient en contradiction avec le principe, admis jusqu'à la loi du 26 juin 1889, même pour les naturalisations effectuées en France, que la naturalisation n'a pas un effet collectif, doit être individuelle.

Mais, dira-t-on en revenant au droit d'option, si le Code civil permettait à un individu pleinement Français de se dépouiller tout d'un coup de cette qualité par voie de naturalisation dans un pays avec lequel il n'avait aucun lien antérieur, à plus forte raison devait-il permettre à celui qui n'était Français que *jure sanguinis* et qui était déjà Belge ou Suisse *jure soli* d'abdiquer par voie d'option une nationalité imparfaite pour consolider une nationalité déjà à demi acquise. Sans aucun doute, et ne l'avoir pas fait était souverainement illogique. Mais on ne l'avait pas fait.

Qu'importe, après cela, au point de vue juridique, ce que l'on pouvait reprocher à un tel système ! « Il est de principe que nul ne peut avoir deux patries (1). » Oui, c'est un principe rationnel, mais malheureusement, jusqu'ici, ce principe n'a pas influé beaucoup sur le droit positif. Ainsi, la plupart des États de l'Amérique du Sud rangent parmi leurs sujets les individus nés de parents étrangers sur leur territoire, sans tenir compte du fait que les États d'Europe dont ces individus sont originaires les retiennent de leur côté sous leur puissance. L'Angleterre étend son empire à la fois sur ceux qui naissent en Angleterre, même de parents étrangers, et sur ceux qui naissent de parents anglais, même en pays étranger, et, jusqu'à l'acte de 1870, il ne fut pas permis aux intéressés de choisir entre les deux patries qui pouvaient ainsi leur être simultanément imposées dès leur naissance. La France, dans la loi récente du 26 juin 1889, avançant encore davantage dans la voie où elle était entrée en 1851, confère provisoirement la nationalité française aux individus nés en France de parents étrangers, si, à leur majorité, ils y sont en outre domiciliés, et déclare définitivement Français ceux dont les parents sont également nés en France. Elle confère, de même, sous réserve du droit d'option, la qualité de Français aux enfants mineurs des étrangers naturalisés et à d'autres catégories de personnes encore. Et cela sans se préoccuper de la nationalité que tous ces individus tiennent en même temps de leurs parents. Ce ne sont là que des exemples. Les cas où, par suite des prétentions divergentes des États, deux pays s'attribuent le même individu sont extrêmement nombreux. C'est une situation anormale, mais légale. Encore moins les juges pouvaient-ils écarter le droit de leur pays parce qu'il était « contraire aux règles de courtoisie qui doivent toujours régir les rapports internationaux entre deux peuples amis (2) ». La courtoisie ne saurait faire échec au droit public.

La justice française avait donc vraiment dit le droit, et le résultat en était que le conflit des Codes civils français et belge était juridiquement insoluble. D'où la nécessité de provoquer désormais des innovations législatives et, si cela n'était pas suffisant, des

(1) Le Poutre et de Folleville, dans *Pétition Carlier*, p. 5 et 17.
(2) De Folleville, dans *Pétition Carlier*, p. 16.

conventions diplomatiques, afin de tarir une source d'iniquités et de froissements entre deux peuples amis.

Source d'iniquités et de froissements de plus en plus abondante à mesure que d'autres lois, de part et d'autre, s'ajoutaient aux Codes et, entachées du même défaut que les Codes, à savoir l'absence de réciprocité, multipliaient la difficulté et la rendaient de jour en jour plus irritante. Une loi belge du 27 septembre 1835 avait admis les enfants mineurs des étrangers naturalisés en Belgique à réclamer, à leur majorité, la nationalité belge. Pareillement, une loi française du 7 février 1851, dans son article 2, avait permis aux enfants mineurs des étrangers naturalisés en France d'opter, dans l'année de leur majorité, pour la nationalité française. D'autre part, les célèbres lois françaises du 7 février 1851, article 1, et du 16 décembre 1874 étaient venues décider que tout individu né en France d'un étranger né lui-même dans notre pays serait Français dès sa naissance, sous la réserve, toutefois, du droit de décliner cette qualité et de réclamer la nationalité de ses parents, à de certaines conditions, dans l'année postérieure à sa majorité. La loi de 1874 avait même permis aux jeunes gens qui voudraient entrer dans l'armée ou dans les écoles du gouvernement de renoncer à leur droit d'option et de confirmer définitivement leur qualité de Français, avec l'assistance de leur famille. Enfin, en Belgique, une loi du 1er avril 1879 avait permis à ceux qui avaient négligé de faire en temps utile la déclaration de l'article 9 et à d'autres personnes qui se trouvaient dans une situation analogue de réparer cet oubli dans le délai exceptionnel d'une année.

On voit combien s'étaient multipliés les points de contact douloureux entre la législation belge et la législation française. En même temps s'étaient développées les relations entre la Belgique et la France et surtout s'était accrue en France la population d'origine belge. Nombreuses étaient les personnes revêtues d'une nationalité double et contradictoire. De là de grands dommages, tantôt pour la chose publique, lorsque des individus, se couvrant tour à tour de la qualité de Belges et de celle de Français, parvenaient à se soustraire aux devoirs qu'ils avaient envers l'une et l'autre de leurs patries (1), tantôt pour les particuliers, lorsque

____

(1) Une convention avait été conclue entre la France et la Belgique, le 25 août 1876, aux termes de laquelle de part et d'autre on devait se signaler les naissances d'enfants des nationaux respectifs, afin d'empêcher l'augmentation du nombre des réfractaires.

l'administration, plus vigilante ou moins clémente, usait rigoureusement de ses droits. Les inconvénients des doubles nationalités sont multiples. Mais le plus apparent et aussi le plus grave était l'assujettissement au service militaire tout à la fois en France et en Belgique. C'était à l'occasion du service militaire et pour le leur imposer que les préfets de la Haute-Savoie, de l'Ariège et du Nord avaient poursuivi des jeunes gens devenus par leur option Suisses ou Belges sans cesser d'être Français; c'était à ce sujet que nos tribunaux et nos Cours avaient, après débat, fondé leur jurisprudence. Et la situation faite, à ce point de vue, aux jeunes gens sujets en même temps de la France et de la Belgique était d'autant plus intolérable qu'ils étaient appelés sous les drapeaux de part et d'autre avant leur majorité : en Belgique, à dix-neuf ans; en France, à vingt ans. La loi civile qui dans l'un des deux pays les autorisait à acquérir, à leur majorité, une nationalité nouvelle était paralysée par la loi militaire de l'autre pays qui, avant leur majorité, les saisissait pour les soumettre au service. Ils risquaient ainsi, ou bien d'être mis dans l'impossibilité matérielle d'exercer leur droit d'option, ou bien, s'ils en usaient, d'être traduits, pour délit d'insoumission, devant la justice du pays dont leur filiation les faisait originaires. A la vérité, quant aux jeunes gens que les lois de 1851 et de 1874 déclaraient Français sous la réserve du droit d'option pour la nationalité de leurs parents dans l'année suivant l'époque de leur majorité, l'article 9 de la loi de 1872 sur le recrutement, entrant dans la voie de l'équité, ne les appelait au service qu'une fois écoulé le délai dans lequel il leur était permis d'opter et s'ils avaient définitivement accepté la qualité de Français. Mais ce tempérament n'était applicable qu'à une catégorie des nombreux individus pris et serrés comme dans un étau entre les deux nationalités rivales. Aussi les quelques procès qui eurent lieu de 1868 à 1882 ne sont-ils sans doute qu'un faible indice des souffrances causées par cet état de choses. Il est à croire que, s'il y eut des abus dont profitèrent les habiles ou les heureux, des omissions tenant aux difficultés de fait, et peut-être des indulgences volontaires de l'administration, beaucoup d'iniquités et de douleurs furent supportées en silence.

Au reste, il ne se produisit pas seulement des résistances opposées à l'administration militaire et soumises à la justice; des réclamations s'élevèrent aussi et furent portées devant les pouvoirs publics, à qui la durée de cette situation pouvait justement être imputée, de qui il dépendait d'y mettre un terme. Émile Carlier, notamment, le condamné de Valenciennes et de Douai, renonçant, sur l'avis même de ses conseils (1), à se pourvoir devant la Cour de cassation, dont la jurisprudence paraissait irrévocable, adressa, en 1882, aux gouvernements et aux parlements des deux pays une pétition retentissante. « Messieurs, disait-il, le soussigné vous « expose respectueusement la situation intolérable qui lui est faite « par un conflit de législation internationale. Belge en Belgique et « Français en France, il se voit soumis aux lois sur le recru- « tement militaire dans les deux pays et ne peut adopter une « patrie sans être déserteur dans l'autre. Son cas est celui de tous « les Belges nés en Belgique de parents français; demain, il sera, « par réciprocité, sinon par représailles, celui de nombreux enfants « nés en France de parents belges. Pareil conflit, engendré par « une jurisprudence récente, peut-il continuer à exister entre « deux nations amies que tant d'intérêts unissent? Le soussigné « s'est adressé en vain à la justice, qui s'est déclarée impuissante « à le protéger... Ayant épuisé tous les moyens que la loi mettait à « sa disposition, il ne lui reste plus comme ressource extrême que « de s'adresser à vous pour obtenir cette protection que les tribunaux « n'ont pu lui accorder et que la Constitution lui garantit (2). »

Cette plainte, éloquente dans sa simplicité parce qu'elle était vraie, peut être considérée comme la cause déterminante de la convention du 30 juillet 1891. Mais, antérieurement déjà, bien des efforts avaient été dirigés vers le but que cette convention a tardivement atteint.

II

La première pensée d'un arrangement appartient à la France. Un rapport écrit par M. Anspach-Puissant, au nom d'une commission belge, et déposé sur le bureau de la Chambre des représentants de Belgique le 19 janvier 1888, rapport où sont retracées les

---

(1) MM. Lehmann, avocat au Conseil d'État et à la Cour de cassation de France, et de Folleville, doyen de la Faculté de droit de Douai.

(2) *Pétition adressée au Gouvernement et aux Chambres par M. Carlier* (Bruxelles, 1882). Cette pétition était suivie de la consultation donnée par M. Le Poutre, avocat à Bruxelles, après le jugement de Valenciennes, et des consultations données par MM. Lehmann, avocat à la Cour de cassation de France, et de Folleville, doyen de la Faculté de droit de Douai, après l'arrêt de la Cour de Douai.

négociations diplomatiques entre la France et la Belgique et leurs conséquences jusqu'à cette époque, nous apprend que, dès le 4 octobre 1876, le gouvernement français prit l'initiative de pourparlers en vue d'une solution du conflit. Le gouvernement belge entra dans ses vues et, au cours de l'année 1877, nomma une commission pour arrêter les bases d'un accord entre les deux pays (1).

Cette commission, réuniee le 16 novembre 1877, avait à peine commencé ses travaux qu'une interpellation d'un membre de la Chambre des représentants, M. Visart, vint la stimuler et hâter le dépôt de son projet (2).

M. Visart indiquait le remède que l'on pouvait appliquer au mal : il suffisait d'emprunter à la loi française de 1872 sur le recrutement le système très simple grâce auquel, après la loi de 1851, l'on avait mis la loi militaire en harmonie avec la loi civile pour les jeunes gens nés en France de parents étrangers qui eux-mêmes y étaient nés. « Il n'y a pas d'autre moyen, dit-il, de concilier « l'article 9 du Code civil et le droit qu'a la Belgique, comme la « France, de faire acquérir la naturalisation à des étrangers avec « les lois militaires des deux pays que de retarder pour tous les « Belges nés en France et pour tous les Français nés en Belgique « l'inscription militaire jusqu'à leur majorité. Il serait « juste et rationnel d'en agir ainsi, puisqu'on veut leur laisser « jusqu'à vingt et un ans accomplis le choix de leur nationalité « et qu'en principe c'est à sa patrie seulement qu'on doit l'impôt « du sang. Il est probable que le gouvernement français accepte- « rait sans difficulté un tempérament de ce genre, car il en a « pris l'initiative dans un cas analogue. Aujourd'hui déjà, tous « ceux qui sont nés en France de parents qui eux-mêmes y sont « nés ne participent au tirage au sort que dans l'année qui suit « leur vingt et unième année accomplie. Ils sont Français en prin- « cipe, mais le gouvernement français veut respecter le droit qu'ils « ont encore d'opter pour la nationalité et dans ce but consent

(1) Cette commission fut composée de MM. Jamart, directeur général au ministère de l'intérieur : Orban, ministre résidant, directeur au ministère des affaires étrangères ; Leemans, directeur au ministère de l'intérieur ; Domis de Semerpont, chef de division au ministère de la justice ; de Gerlache, commissaire d'arrondissement à Nivelles.

(2) Le discours de M. Visart est rapporté par M. Cogordan, dans son excellent livre *La nationalité au point de vue des rapports internationaux*, 1re édit., p. 66 ; 2e édit., p. 56.

« à abréger de deux années la durée effective de leur service
« militaire. »

Le 21 décembre suivant, la commission remettait son travail,
que le gouvernement belge attendait pour commencer les négociations avec la France.

La commission s'était trouvée d'accord avec M. Visart sur la
combinaison qui devait être adoptée. Son sentiment nous fut
communiqué par l'un de ses membres, M. Leemans, dans une
séance de la Société de Législation comparée, le 8 mai 1878 (1).
Après avoir en quelques mots tracé le tableau saisissant des multiples questions auxquelles donnait lieu le conflit, M. Leemans
conclut ainsi : « Les mesures destinées à mettre un terme aux
« difficultés dont il s'agit seraient, suivant moi, aussi simples que
« pratiques : il suffirait de stipuler dans une convention que les
« individus signalés sous les lettres a, b, c (c'est-à-dire ceux que
« visaient les articles 9 et 10, paragraphe 2, des Codes français et
« belge, plus les fils de Français naturalisés Belges ou de Belges
« naturalisés Français) ne seront pas inscrits pour le service mili-
« taire soit en Belgique, soit en France, avant l'âge de vingt-deux
« ans accomplis, et que ceux qui justifieraient à cet âge avoir
« réclamé et obtenu la nationalité de leur pays de naissance ou
« d'origine, ou celle de leur père, acquise par la naturalisation,
« ne seront pas tenus au service militaire dans le pays dont ils ont
« abandonné la nationalité. »

A cette proposition des réponses furent faites en sens divers. Mais
M. Renault, professeur de Droit des gens à la Faculté de droit de
Paris, fit une déclaration très nette. Écartant [certaines critiques
adressées incidemment par M. Leemans à nos lois de 1851 et de
1874 et qui étaient en dehors de la question, il fut d'avis qu'il était
tout naturel et fort aisé de mettre l'accord entre deux législations
presque identiques en y introduisant simplement l'équité, c'est-à-
dire, ici, la réciprocité, et cela grâce à la combinaison dont avait
parlé M. Leemans.

Les vues se trouvant concorder de part et d'autre, puisque la
base du projet élaboré par la commission belge était dans une loi
française, les négociations ne pouvaient plus tarder beaucoup à
aboutir. Effectivement, le 5 juillet 1879, une convention fut conclue à Paris entre la France et la Belgique « pour mettre fin aux

(1) Voir *Bulletin de la Société de législation comparée* du mois de juin
1878, p. 404 et suiv.

difficultés résultant de l'application des lois qui règlent le service militaire dans les deux pays ». Elle était ainsi formulée :

ART. 1er. — « Ne seront pas inscrits d'office, avant l'âge de vingt-deux ans accomplis, sur les listes du recrutement militaire dressées en Belgique et en France :

« 1° Les individus nés en Belgique de parents français ou en France de parents belges, qui ont, d'après l'article 9 du Code civil en vigueur dans les deux pays, le droit de réclamer, dans l'année qui suivra l'époque de leur majorité, la nationalité du pays où ils sont nés ;

« 2° Les individus à qui l'article 10 du même Code accorde la faculté de recouvrer la nationalité belge ou française, perdue par leurs parents ;

« 3° Les individus à qui la loi belge du 27 septembre 1835 et la loi française du 7 février 1851 permettent de réclamer, dans l'année qui suivra l'époque de leur majorité, la nationalité qui, pendant qu'ils étaient mineurs, a été accordée à leurs parents en Belgique ou en France.

« Ceux qui auront changé de nationalité dans l'année qui aura suivi l'époque de leur majorité, conformément aux dispositions légales visées ci-dessus, seront dégagés de tout service militaire dans le pays auquel ils appartenaient antérieurement.

ART. 2. — « Les jeunes gens à qui s'applique l'article précédent pourront cependant, avant l'époque de leur majorité, remplir leurs obligations de recrutement ou s'engager volontairement dans l'armée du pays auquel ils appartiennent, à la condition qu'ils renoncent à leur droit d'option avec le consentement de leur représentant légal, et, en cas de tutelle exercée par toute autre personne que par les ascendants, avec l'autorisation du conseil de famille.

ART. 3. — « Les individus nés en France de parents belges qui eux-mêmes y sont nés ne seront inscrits d'office sur les listes du recrutement militaire ni en France, ni en Belgique, avant d'avoir accompli leur vingt-deuxième année.

« Les jeunes gens de cette catégorie pourront toutefois être admis, avant leur majorité, à remplir leurs obligations de recrutement ou à s'engager volontairement :

« En France, en se conformant aux dispositions de l'article 2 de la loi du 16 décembre 1874 ;

« En Belgique, en prenant, avec les consentement et autorisation prévus à l'article précédent, l'engagement de faire, dans l'année qui suivra l'époque de leur majorité, la déclaration prescrite par l'article 1er de ladite loi.

« Ceux qui ont effectué, dans l'année qui a suivi l'époque de leur majorité, la déclaration prévue par l'article 1er de la loi du 16 décembre 1874 sont dégagés de toute obligation militaire en France.

« Si, au contraire, ils n'ont pas fait cette déclaration, ils sont libres de tout devoir de milice envers la Belgique.

Art. 4. — « Ne pourront être considérés comme étant de nationalité indéterminée, pour l'application de l'article 7 de la loi belge du 30 juin 1870, ceux qui produiront un certificat émané d'un agent diplomatique ou consulaire français et duquel il résultera qu'ils sont reconnus comme Français.

Art. 5. — « Les deux gouvernements se communiqueront réciproquement les actes relatifs au droit d'option reçus dans les cas visés par la présente convention.

« Ils se signaleront, en outre, les individus qui se seront soustraits au service militaire dans l'un des deux pays en excipant de la qualité de nationaux de l'autre.

Art. 6. — « La présente convention est conclue pour cinq ans, à partir du jour de l'échange des ratifications. Dans le cas où aucune des hautes parties contractantes n'aurait notifié, une année avant l'expiration de ce terme, son intention d'en faire cesser les effets, la convention continuera d'être obligatoire encore une année, à compter du jour où l'une des parties l'aura dénoncée. »

Il semble que cet accord, vivement désiré par la Belgique, satisfaisant pour les intérêts en cause, préparé par une commission fort compétente, enfin conforme aux idées que M. Visart avait exprimées lors de son interpellation au Parlement, le 5 décembre 1877, aurait dû recevoir promptement la ratification des Chambres belges. Il n'en fut rien. Le gouvernement s'empressa bien, dès le 8 juillet 1879, de saisir la Chambre des représentants d'un projet de loi portant approbation du traité. Mais la section centrale, qui fut chargée de l'examen du projet de loi (1), souleva des objections nombreuses. Les unes étaient tout à fait secondaires. D'autres semblaient graves, sans être néanmoins de nature à faire écarter la convention. Mais d'autres furent jugées insolubles. Voici ce qui me

(1) Elle était composée de MM. de Lantsheere, Thonissen, Mallar, Bockstael, Van Brabandt Paternoster, Guillery, président de la Chambre, qui la présidait.

semble devoir être retenu de la controverse, par correspondance écrite, qui s'engagea entre la section centrale et le gouvernement.

En premier lieu, la section centrale se plaignit de l'omission commise relativement à plusieurs catégories d'individus qui étaient considérés comme Français en France et comme Belges en Belgique : 1° les descendants de Français à qui l'article 8 de la loi fondamentale de 1815 avait conféré la nationalité belge (c'est-à-dire ceux dont un ascendant était domicilié en Belgique avant le 1er janvier 1814 et avait déclaré vouloir être considéré comme Belge de naissance, et ceux dont un ascendant domicilié de 1805 à 1815 dans une des communes réunies aux Pays-Bas par le traité de Paris du 30 novembre 1815 avait déclaré accepter la nationalité belge) ; 2° les descendants de Français visés par l'article 133 de la Constitution (c'est-à-dire ceux dont un ascendant était né en Belgique de parents domiciliés dans ce pays à une époque comprise entre 1814 et 1830) ; 3° ceux qui avaient été l'objet de l'article 14 de la loi du 27 septembre 1835 (c'est-à-dire ceux dont un ancêtre avait perdu la qualité de Belge en s'engageant à l'étranger, mais, avant le 1er janvier 1833, était venu servir soit dans l'administration, soit dans l'armée) ; 4° les enfants et descendants mineurs des individus d'origine française qui viendraient à faire la déclaration prévue par la loi du 1er avril 1879. Les jeunes gens appartenant à ces diverses catégories ne sont pas protégés, disait la section centrale ; aucune clause de la convention ne défend à la France de les inscrire sur les listes du recrutement, tandis que la Belgique s'interdit d'inscrire les jeunes gens nés en France de parents belges qui eux-mêmes y sont nés ; la réciprocité n'est donc pas observée. Le gouvernement répondit que, relativement aux jeunes gens que d'anciennes lois déclaraient Belges, aucune difficulté ne s'était présentée ; que, d'autre part, les cas d'application de la loi du 1er avril 1879 seraient rares, qu'une entente spéciale sur ce point serait facile. Là-dessus, malgré l'insistance de la section, l'accord se serait fait.

En second lieu, la section centrale s'en prit aux dispositions de l'article 2 et de l'article 3 du traité qui, afin de permettre aux jeunes gens de devancer, s'ils le voulaient, l'âge de vingt-deux ans, autorisaient les uns à servir, avant l'époque de leur majorité, dans l'armée du pays auquel ils appartenaient, à la condition de renoncer, avec l'assistance de certaines personnes, à leur droit d'option pour leur pays natal (art. 2), et accordaient aux autres la faculté de servir en France ou en Belgique, à la condition de s'y

attacher dès maintenant ou de promettre de s'y attacher, à leur majorité, d'une façon définitive (art. 3). Ces dispositions encoururent de la part de la section centrale de très vives critiques. Une grave dérogation, dit-elle, se trouve apportée par là au principe du Code civil qui interdit aux mineurs de prendre parti sur leur nationalité ; cette innovation, qui s'appuie en France sur un acte du pouvoir législatif, est introduite chez les Belges par voie de convention diplomatique ; et c'est chose d'autant plus grave que le mineur devra renoncer à son droit d'option d'une manière absolue et définitive. Le gouvernement répondit : « L'article 2,
« contrairement à ce que pense la section centrale, ne touche pas,
« à proprement parler, au Code civil ; l'engagement que prendrait
« le mineur n'aurait d'effet qu'en ce qui concerne le service mili-
« taire. Si, arrivé à sa majorité, il use, malgré sa renonciation,
« du droit d'option, cette option sera néanmoins valable, mais il
« perdra le bénéfice que lui assurait la convention et se trouverait
« placé dans la situation pénible à laquelle beaucoup de jeunes
« gens sont exposés aujourd'hui en l'absence de tout arrangement
« international. »

A la question de savoir quelles seraient les conséquences de la décision prise en temps de minorité se liait étroitement celle, plus générale, de savoir quels seraient les effets de l'option, quelle qu'en fût l'époque. A cet égard, la section centrale reprochait à la convention de « toucher au Code civil ». « L'article 1er, para-
« graphe ult., dit-elle, tranche la controverse à laquelle donne lieu
« l'article 9 du Code civil. Il eût été aisé de laisser intacte dans la
« convention une difficulté que l'on a refusé de résoudre législati-
« vement à l'occasion de la loi du 1er avril 1879. » Le gouverne-
ment, après avoir dit sa pensée sur le sens de l'engagement pris en temps de minorité, ajouta, pour écarter ce reproche : « Ce serait
« donc également à tort que l'on supposerait chez les négociateurs
« l'intention de trancher la controverse relative à l'article 9 du
« Code civil ; la convention est une simple convention de milice ;
« elle laisse intacts les droits civils des citoyens. »

La section centrale, visant à la fois les effets de l'engagement des mineurs et ceux de l'option faite par les majeurs, répliqua de la façon suivante :

« Nous avons appris avec satisfaction que le traité, dans la pen-
« sée du gouvernement, doit laisser intact le Code civil. Le gou-
« vernement reconnaîtra aisément, dès lors, la nécessité de mettre
« le texte en harmonie avec la volonté qu'il doit exprimer. Or, le

« texte de l'article 2 est absolu. C'est à l'option dont dépend
« sa nationalité, avec tous les effets que les lois y attachent, que le
« mineur doit renoncer. L'article 3 n'est pas moins précis. Les
« Belges dont il s'occupe doivent, s'ils veulent servir en France,
« renoncer à réclamer leur qualité d'étranger, s'obliger au con-
« traire à la réclamer s'ils veulent servir en Belgique. Le texte
« contredit donc la volonté certaine des négociateurs. Le gouver-
« nement a-t-il l'intention de reconnaître à un individu une na-
« tionalité au point de vue des lois de milice et une autre nationa-
« lité pour la généralité des lois civiles et politiques? Le Code
« civil, même avec cette distinction, ne demeurerait pas intact.
« Permettre à un mineur de renoncer à sa nationalité, les effets de
« cette renonciation fussent-ils limités, ce n'en est pas moins
« autoriser un incapable à disposer de droits que le Code met au-
« dessus de sa volonté. »

Ce fut, paraît-il, cette dernière objection qui parut insurmontable, qui, suivant l'expression de M. Anspach, fut « la pierre
d'achoppement ». Il était vrai, d'ailleurs, que si le gouvernement
belge attribuait un sens restreint à l'engagement des mineurs, la
convention, au contraire, lui donnait un sens absolu, et cela conformément à l'intention du gouvernement français. Le comité de
législation du département de l'intérieur, consulté sur ce point,
au cours des négociations entre les deux gouvernements, ne s'était
pas fait illusion et, sentant qu'il serait difficile de faire admettre
par la France une disposition réservant aux mineurs entrés dans
ses armées le droit d'opter, à leur majorité, pour une nationalité
étrangère, avait conseillé de ne pas y insister et de n'en pas faire
dépendre le sort de la convention. La section centrale fut d'un
avis différent. Dès lors, il sembla « que l'on se trouvait dans une
impasse » et, tout effort vers la ratification du traité fut désormais
suspendu.

J'ai peine à comprendre, je l'avoue, que de tels scrupules aient
suffi pour rendre invincible l'opposition de la section centrale.
Alors même que j'envisage l'objection dans toute sa force, en
considérant la décision prise par les mineurs comme une option
définitive et absolue, je n'en découvre pas la gravité.

Tout d'abord, pourquoi le principe de l'incapacité des mineurs
à l'effet de prendre parti sur leur nationalité, même avec l'assistance de leur famille, serait-il particulièrement sacré? Le Code
permet aux mineurs, soit avec le concours de certaines personnes
de se marier, de régler leurs conventions matrimoniales et d'y

faire des donations, soit de disposer seuls par testament d'une partie de leur fortune. Il a considéré que leur intérêt même ou leur droit à l'exercice d'une importante faculté devait faire admettre des tempéraments au principe. N'est-ce pas en suivre l'esprit que d'apporter à la même règle d'autres exceptions, sagement mesurées d'ailleurs, en vue de nécessités nouvelles et non moins impérieuses, inexistantes à l'origine ? La France, non moins attachée que la Belgique aux grandes assises du Code, en avait donné l'exemple dans la loi du 16 septembre 1874.

Et quel droit proposait-on de reconnaître aux mineurs ? La section centrale paraît avoir cru que c'était le droit de choisir une nationalité nouvelle. Or, c'était au contraire le droit de confirmer la nationalité qu'ils tenaient de leurs parents, en renonçant à la faculté d'opter pour une autre patrie. Le ministre des affaires étrangères en a fait l'observation, le 2 juillet 1888, en ces termes : « En ce qui concerne la renonciation au droit d'option pour une nationalité étrangère, la question ne semble pas avoir été bien comprise dans le principe. Il ne s'agit pas, pour un Belge de naissance, de pouvoir renoncer à sa qualité de Belge pendant sa minorité, mais uniquement de pouvoir renoncer à devenir étranger ; autrement dit, il s'agit d'autoriser légalement un Belge à poser, pendant sa minorité, un acte conservatoire de sa nationalité »

Voilà à quoi se réduisait l'innovation. L'estimant très importante, sans doute parce qu'elle se faisait illusion, la section centrale ne voulait pas, du moins, qu'elle fût réalisée par voie de convention diplomatique. Mais cette convention n'était-elle pas accompagnée d'une loi ? N'était-il pas aisé d'y insérer une disposition spéciale ?

Maintenant, pourquoi voulait-on maintenir intacte, à tous autres points de vue que celui du service militaire, la controverse à laquelle donnait lieu l'article 9 du Code civil ? Il était avéré que la solution en était juridiquement impossible et partant que l'insistance des deux États à méconnaître l'option de leurs sujets avait pour effet d'investir un grand nombre d'individus d'une nationalité double et contradictoire. On consentait à supprimer le plus grave des inconvénients que présentait cet état de choses; à quoi bon conserver précieusement les autres ? Le législateur de 1804 avait manqué à la réciprocité, c'est-à-dire à l'équité, en offrant aux étrangers, dans certains cas, la qualité de Français ou de Belge, sans accorder aux Français ou aux Belges, dans les mêmes cas, la faculté d'accepter une offre semblable des législations étrangères. Il avait manqué à la logique, en autorisant la naturalisation en pays étranger des individus pleinement Français ou Belges, sans permettre l'option de ceux qui, Français ou Belges par la filiation seulement, auraient voulu confirmer le lien qui déjà les attachait à leur pays natal. C'étaient là dans les lois française et belge de véritables vices. Les juges n'avaient pu que constater ces anomalies et s'y soumettre. Il était du devoir des Parlements de les réparer. Et la réparation en devait être complète. Car une réparation partielle non seulement n'était qu'un demi-bienfait, mais ajoutait même aux maux qu'elle laissait subsister un nouveau mal, celui de créer une situation ambiguë, en admettant au service militaire dans un pays des individus dont la nationalité restait indéterminée, des individus à qui l'on aurait laissé la faculté d'opter ensuite pour une autre patrie, tout en se réservant de méconnaître les effets de cette option. De la sorte, la situation présente, liquidée quant au service militaire, serait demeurée, sous les autres rapports, plus obscure et plus compliquée que jamais!

Et cela, dans quel but? En quoi les intérêts de la Belgique auraient-ils été lésés si la décision des mineurs avait été irrévocable et absolue?

De deux choses l'une. Ou bien cette décision aurait été prise en faveur de la nationalité française. Elle serait émanée soit d'individus nés de parents français en Belgique, soit d'individus dont les parents, français à leur naissance, auraient eu et perdu antérieurement la qualité de Belges, soit d'individus nés de parents français qui, après la naissance de leurs enfants, auraient été naturalisés en Belgique, soit enfin d'individus nés en France de parents belges nés en France eux-mêmes. Elle aurait consisté de la part de ces jeunes gens à confirmer leur qualité de Français, en renonçant dès à présent à leur droit d'opter plus tard pour la Belgique. Dans ce cas, la Belgique, à la vérité, aurait perdu l'espoir, qu'elle avait avant la convention, d'acquérir ou de recouvrer des sujets. Mais, puisque l'on consentait à ce qu'ils ne fussent pas des soldats pour elle, pouvait-on croire que beaucoup d'entre eux, après avoir volontairement accepté la plus lourde charge de la nationalité française, s'aviseraient d'en répudier les avantages? Comment, d'ailleurs, leur aurait-on permis en France, un an ou quelques mois après leur enrôlement, d'opter pour la Belgique? Il aurait fallu reculer pour eux l'époque de l'option. Mais à quel âge l'aurait-on placée? Comme on le voit, loin de simplifier la situation, on l'eût rendue inextricable. C'est généralement l'effet des demi-mesures ; donner et retenir ne se peut.

Ou bien la décision des mineurs aurait été prise en faveur de la nationalité belge. Elle serait émanée d'individus nés en France de parents belges, ou d'individus nés de parents qui, Belges à la naissance de leurs enfants, auraient eu et perdu antérieurement la qualité de Français, ou d'individus nés de parents belges naturalisés Français après la naissance de leurs enfants. Dans ce cas, la Belgique avait tout avantage à ce que cette décision fût irrévocable et absolue.

Ainsi, le système arrêté entre les gouvernements belge et français, tel que le gouvernement français l'entendait, donnait à la difficulté une solution simple, claire, équitable, avantageuse aux deux parties, et l'on ne pouvait le mutiler sans retomber dans de nouveaux embarras.

Au reste, si la Belgique ne l'accepta pas, la Suisse lui fit meilleur accueil. Comme on l'a vu par l'exposé du débat judiciaire qui se déroula de 1868 à 1876, à l'égard de la Suisse l'article 10, paragraphe 1, du Code civil français se trouvait surtout en conflit avec les lois de Genève et de Neuchâtel, qui attribuaient à la naturalisation d'un père de famille un effet collectif. Tandis que, d'après ces lois, les enfants mineurs des Français naturalisés Suisses étaient admis, à leur majorité, à acquérir la nouvelle nationalité de leur père et même l'avaient acquise en même temps que lui, l'administration et la justice françaises ne tenaient aucun compte d'un changement de nationalité non autorisé par le Code civil. Or, une loi fédérale sur la nationalité, du 3 juillet 1876, avait adopté le principe de la naturalisation collective. Eh bien, une transaction vint concilier ces prétentions contraires et fut réalisée, grâce à la combinaison qui déjà formait la base du traité franco-belge signé le 5 juillet 1879. Quinze jours après, le 23 juillet, une convention analogue fut conclue entre la France et la Suisse « à l'effet de régulariser la situation des enfants des Français naturalisés Suisses ».

En voici les dispositions principales. On verra qu'elles sont, au fond, à peu près semblables à celles qui devaient régir la situation des jeunes gens nés de parents français en Belgique.

Art. 1er. — « Les individus dont les parents, Français d'origine, se font naturaliser Suisses et qui sont mineurs au moment de cette naturalisation, auront le droit de choisir, dans le cours de leur vingt-deuxième année, entre les deux nationalités française et suisse. Ils seront considérés comme Français jusqu'au moment où ils auront opté pour la nationalité suisse.

Art. 2. — « Ceux qui n'auront pas effectué cette déclaration (réalisant l'option) dans le cours de leur vingt-deuxième année seront considérés comme ayant définitivement conservé leur nationalité française.

Art. 3. — « Les jeunes gens à qui est conféré le droit d'option ne seront pas astreints au service militaire en France avant d'avoir accompli leur vingt-deuxième année. Toutefois, ils pourront, sur leur demande, remplir avant leur majorité les obligations militaires ou s'engager dans l'armée française, à la condition de renoncer à leur droit d'option pour la nationalité suisse. Cette renonciation devra être faite par les intéressés avec le consentement de leurs représentants légaux. »

III

Supprimées par cet accord du côté de la Suisse, les difficultés persistèrent naturellement dans les rapports de la législation française avec la législation belge et, deux ans après, survint le procès d'Émile Carlier. On connaît la plainte vraiment touchante que ce jeune homme adressa aux pouvoirs publics, responsables de la situation dont il était victime. Cette pétition, qui ne fut pas seule, paraît-il, car les documents belges parlent de réclamations nombreuses, et qui fut maintenue jusqu'au succès, demeura comme une incessante prière aux Chambres belges de ratifier enfin la convention de 1879. Prière impuissante, il est vrai, pendant plusieurs années; car, les 26 janvier et 2 février 1883 seulement, elle provoqua de courtes explications du gouvernement, desquelles il ressortit que le désaccord durait toujours entre la Belgique et la France, l'une demandant la suppression de l'article 2 du traité, parce qu'elle ne se décidait pas à accorder à des mineurs le droit d'option, l'autre maintenant la convention dans son intégrité. Puis le silence se fit jusqu'à la fin de l'année 1886.

Cependant d'autres faits s'étaient produits qui étaient de nature soit à aggraver, soit à étendre le conflit préexistant. En Belgique, la loi du 27 septembre 1835 avait été reproduite dans l'article 4 de la loi du 6 août 1881. En France, une loi du 14 février 1882, relative aux enfants mineurs des étrangers naturalisés Français, était venue leur permettre d'exercer, même avant leur majorité, leur droit d'option pour la nationalité française, afin de prendre du service dans les armées ou d'entrer dans les écoles du gouvernement. La même faculté était en même temps accordée aux enfants mineurs de Français qui, après avoir perdu la qualité de Français par certaines causes, viendraient à la recouvrer. La même faculté fut encore étendue par une loi du 28 juin 1883 aux enfants mineurs nés en France d'une femme mariée avec un étranger, puis redevenue française, et aux mineurs, orphelins de père et de mère, nés en France d'une femme française mariée avec un étranger. Enfin, la Cour de cassation, par un arrêt du 7 décembre 1883, avait décidé que, pour l'application des lois de 1851 et de 1874, devaient être considérés comme Français les individus nés en France d'un père né lui-même dans les provinces belges incorporées, au commencement du siècle, à la France et démembrées en 1814.

L'émotion fut grande en Belgique et dans le nord de la France, à la suite de cet arrêt, sur lequel M. Anspach-Puissant insiste beaucoup dans son rapport du 19 janvier 1888. « La situation devenant de jour en jour plus intolérable », les pétitions affluèrent aux Chambres. Cependant, rien ne se fit jusqu'à la fin de 1886. A cette époque, M. de Brouckère soutint avec vigueur, dans une séance du Sénat du 16 décembre, la pétition d'Émile Carlier, demanda que l'on revînt à la convention de 1879 et entreprit, à cet effet, « une campagne énergique et persistante ». Secondé par d'autres sénateurs, il rencontra dans le gouvernement des dispositions favorables. Le 4 février 1887, au cours d'un nouveau débat relatif à la pétition Carlier, le ministre des affaires étrangères se déclara prêt à reprendre l'œuvre abandonnée depuis neuf ans et, trois jours après, la Chambre nomma une commission pour continuer l'examen de la convention commencé par la section centrale, qui était devenue incomplète (1).

Ce revirement n'était pas seulement dû à la pression de l'opinion publique, il était aussi causé par un changement complet dans l'état des esprits. Le temps avait mûri les questions, atténué, sinon effacé, la gravité des objections. La difficulté relative au droit pour des mineurs de prendre parti sur leur nationalité ne paraissait plus insurmontable ; la Chambre avait déjà voté et l'on était sur le

(1) Cette commission fut composée de MM. Eeman, Guillery, Paternoster, Reynaert, Simons, Anspach-Puissant, qui en fut le rapporteur, de Lantsheere, qui la présida.

point d'adopter définitivement un projet de loi portant réorganisation de l'École militaire dans lequel on allait même plus loin que la convention franco-belge; tandis que ce traité permettait simplement aux mineurs de confirmer la nationalité qu'ils possédaient *jure sanguinis*, en abdiquant leur droit d'option pour la nationalité qui leur était offerte *jure soli*, la loi les autorisait à acquérir une nationalité nouvelle. Elle contenait cette disposition : « Les jeunes « gens qui, en vertu des lois en vigueur en Belgique, ont le droit « d'opter à leur majorité pour la nationalité belge, ne pourront « être admis au concours (pour l'entrée à l'École militaire) que « s'ils ont dix-neuf ans accomplis et sous la condition de prendre, « avec le consentement de leurs parents ou de leur tuteur, l'enga- « gement écrit d'opter pour cette nationalité aussitôt qu'ils se trou- « veront dans les conditions voulues par l'article 9 du Code civil ou « l'article 4 de la loi du 6 août 1881 (1) ». Sauf une différence de forme, c'était le système des lois françaises de 1882 et de 1883. La Belgique devançait même la France, maintenant, puisque l'article 9 du Code civil français était encore intact. D'autre part, on ne répugnait plus à admettre le point de vue du gouvernement français, qui s'était constamment montré inébranlable dans sa volonté que l'option, une fois faite, même en temps de minorité, fût définitive et absolue. Le Code civil ne paraissait donc plus devoir demeurer hors de toute atteinte, et, pour le modifier, il suffirait d'un article spécial dans le projet de loi qui devait approuver la convention.

Telles étant les dispositions conformes de la commission et du gouvernement, la conclusion ne pouvait éprouver un long retard. Au commencement de mai 1888, la convention fut ratifiée par les Chambres belges et, immédiatement après, le Cabinet de Bruxelles demanda qu'elle fût soumise au Parlement français.

Mais, alors, les Chambres françaises étaient saisies de deux projets de loi, l'un sur la nationalité, l'autre sur le recrutement; il était probable que la convention de 1879 ne serait plus en harmonie avec les nouvelles lois françaises.

Le gouvernement belge, le prévoyant bien, s'était fait autoriser par un article final de la loi à suspendre les effets de la convention, si cette éventualité venait à se réaliser et, en conséquence, avait soumis à la signature du gouvernement français la déclaration suivante :

(1) Cette loi fut effectivement votée le 6 mai 1888.

Art. 1er. — « Si des modifications à la législation belge ou à la législation française venaient à rendre cette mesure nécessaire, chacun des deux gouvernements pourra dénoncer immédiatement la convention du 5 juillet 1879, laquelle, dans ce cas, cessera ses effets du jour où ces modifications entreront en vigueur. »

. La même déclaration mettait l'accord entre le traité et les lois nouvelles survenues en Belgique et en France depuis 1879, en disant :

Art. 2. — « Au numéro 3 de l'article 1er de ladite convention, la loi belge du 27 septembre 1835 et la loi française du 7 février 1851 sont respectivement remplacées par la loi belge du 6 août 1881 et la loi française du 14 février 1882. »

Mais, comme les projets de lois discutés en France étaient sur le point d'aboutir, le gouvernement français préféra en attendre le vote et ne pas donner suite aux ouvertures du cabinet belge.

IV

La loi sur la nationalité, qui fut achevée le 26 juin 1889 et dont l'exécution fut réglée par un décret du 13 août 1889, modifiait assez la législation précédente pour que, suivant les prévisions dont il vient d'être parlé, la convention de 1879 dût être sérieusement remaniée. Mais, heureusement, elle ne la modifiait pas assez pour que cet acte fût frappé de caducité dans ses dispositions essentielles ; en un certain sens même, la solution qu'il proposait devenait d'une adoption plus facile (1).

D'une part, en effet, la loi du 26 juin 1889 a resserré davantage les liens qui déjà rattachaient à la France plusieurs catégories de personnes. En premier lieu, les individus nés en France de parents étrangers se divisent maintenant en trois catégories : 1° ceux dont les parents sont eux-mêmes nés en France ont désormais la qualité de Français pure et simple (art. 8, n° 3, du Code civil); 2° ceux qui, à l'époque de leur majorité, sont domiciliés en France deviennent Français, mais avec le droit de décliner cette qualité et d'opter pour la nationalité de leurs parents, dans l'année qui suit leur majorité et sous certaines conditions (art. 8, n° 4) ; 3° ceux qui, à l'époque de leur majorité, ne sont pas domiciliés en France ont, comme

(1) Voy., dans l'*Annuaire de législation française* de 1890, cette loi rapportée et annotée par M. Weiss.

autrefois, le droit de réclamer la qualité de Français jusqu'à l'âge de vingt-deux ans accomplis, par une simple déclaration enregistrée au ministère de la justice. Mais, en outre, il est désormais permis à leurs parents ou tuteurs de faire pour eux cette déclaration durant leur minorité. Ils deviennent également Français si, ayant été portés sur les tableaux de recensement, ils prennent part aux opérations de recrutement sans opposer leur extranéité (art. 9). — En second lieu, les enfants mineurs des étrangers naturalisés en France ou des Français qui, après avoir perdu cette qualité, l'ont recouvrée, au lieu d'acquérir le droit d'opter pour la nationalité française, acquièrent cette nationalité en même temps que leurs parents, sous la réserve du droit de la décliner dans l'année qui suivra leur majorité (art. 12 et 18).

La loi impliquait, pour les individus qui avaient le droit d'abdiquer, à leur majorité, la qualité de Français la faculté de renoncer à ce droit durant leur minorité. Le décret du 13 août 1889, dans son article 11, a réglementé l'exercice de cette faculté en y adaptant le système indiqué par la loi pour les individus nés en France de parents étrangers.

D'autre part, un pas décisif a été fait vers la solution du conflit de l'article 8, paragraphe 1er (l'ancien art. 10, § 1), aux termes duquel « est Français tout individu né d'un Français en France ou à l'étranger » avec les lois des pays qui offrent leur nationalité aux étrangers nés sur leur territoire, notamment avec l'article 9 du Code civil belge. Effectivement, aux termes du nouvel article 17 de notre Code, « perdent la qualité de Français le Français naturalisé à l'étranger ou celui qui acquiert sur sa demande la nationalité étrangère par l'effet de la loi. » Le législateur de 1889 a introduit dans l'article 17 la disposition que la Cour de Chambéry avait vainement affirmé y voir. Toutefois, si la difficulté se trouve ainsi entamée, elle n'est pas supprimée encore ; car les rédacteurs de l'article 17, qui ont formellement subordonné à l'autorisation du gouvernement la naturalisation en pays étranger des Français soumis aux obligations du service militaire pour l'armée active, semblent avoir imposé la même condition à ceux qui voudront user du droit d'option qui leur est reconnu.

La nouvelle loi militaire, d'ailleurs, achevée le 15 juillet 1889, paralyse, plus encore que ne le faisait la loi de 1872, l'exercice du droit d'option pour une nationalité étrangère que le Code civil concède à plusieurs catégories de Français. Les uns, ceux qui sont nés en pays étranger, sont, aux termes de l'article 10, appelés sous les drapeaux à vingt ans, avant l'époque où s'ouvre leur droit. Les autres, ceux qui sont nés de parents étrangers en France et y sont domiciliés à leur majorité, ou dont les parents étrangers ont obtenu ou recouvré la nationalité française, à qui la loi civile accorde toute l'année postérieure à leur majorité pour décliner la qualité de Français, sont, aux termes de l'article 11, portés sur les tableaux de recensement de la classe dont la formation suit l'époque de leur majorité et doivent prendre parti lors de leur convocation devant le conseil de révision.

Telles étaient parmi les modifications effectuées dans nos lois celles qui touchaient aux points réglés par la convention de 1879. La législation belge non plus n'était pas demeurée intacte. Une loi du 6 mai 1888 relative à l'École militaire avait, comme on l'a vu, pour une circonstance particulière, inauguré en Belgique le système de l'option des mineurs. Une loi du 16 juillet 1889 l'avait organisé d'une façon générale, en ajoutant à l'article 9 du Code civil et à l'article 4 de la loi du 6 août 1881 des dispositions autorisant les individus nés en Belgique de parents étrangers ou nés de parents étrangers naturalisés en Belgique à faire leur déclaration d'option dès l'âge de dix-huit ans accomplis, avec l'assistance de leur famille (1).

V

De toutes ces innovations, la seule qui fût grave était le changement vraiment profond que la loi du 26 juin 1889 avait apporté dans la condition des individus nés en France de parents belges nés en France eux-mêmes. Le droit d'option pour la nationalité de leurs parents leur était retiré ; ils devenaient Français sans réserve. La Belgique aurait pu s'en montrer irritée et le sort de la convention en être compromis pour des années encore. Il n'en a rien été. La Belgique a sagement considéré que, le plus souvent, les Belges rattachés au sol français par deux générations successives n'avaient plus avec leur patrie originaire qu'un lien extrêmement faible, qu'ils étaient bien voisins des Belges devenus étrangers pour s'être établis en pays étranger sans esprit de retour. Ainsi, la nécessité d'un accord était plus que jamais manifeste et

(1) Voy., dans l'*Annuaire de législation étrangère* de 1890, cette loi rapportée et annotée par M. Renault.

les changements opérés de part et d'autre dans les lois n'empê-
chaient pas de prendre comme base de cet accord la convention
de 1879, en l'adaptant au nouvel état des choses. Aussi les pourparlers furent-ils repris entre les deux gouvernements dès que ce
fut possible. La convention du 30 juillet 1891 en a été le résultat.
La ratification des Parlements belge et français n'a subi, cette fois,
aucun rétard, et la convention, promulguée le 31 décembre 1891,
était, le 1er janvier 1892, insérée au *Journal officiel*. En voici le
texte :

ART. 1er. — « Ne seront pas inscrits d'office, avant l'âge de vingt-
deux ans accomplis, sur les listes du recrutement militaire belge :

« 1° Les individus nés en France d'un Belge et domiciliés sur
le territoire français, qui tombent sous l'application de l'article 8,
paragraphe 4, du Code civil français ;

« 2° Les individus nés en France d'un Belge qui peuvent invoquer l'article 9, paragraphe 1er, du Code civil français ;

3° Les individus nés d'un Belge naturalisé Français pendant
leur minorité et ceux d'un ancien Français réintégré dans cette
qualité pendant leur minorité, qui tombent respectivement sous
l'application des articles 12, paragraphe 3, et 18 du Code civil
français.

ART. 2. — « Ne seront pas inscrits d'office, avant l'âge de
vingt-deux ans accomplis, sur les listes du recrutement militaire
français :

« 1° Les individus nés en Belgique d'un Français qui peuvent
invoquer l'article 9 du Code civil belge ;

« 2° Les individus nés d'un Français naturalisé Belge pendant
leur minorité, lesquels peuvent acquérir la nationalité belge conformément à l'article 4, paragraphe 1, de la loi belge du 6 août 1881 ;

« 3° Les individus qui peuvent décliner la nationalité française
conformément aux articles 8, paragraphes 4, 12, paragraphe 3, et 18
du Code civil français, à moins que, pendant leur minorité, il n'y
ait eu renonciation à leur droit d'option conformément à l'article 11 du règlement d'administration publique français du 13
août 1889.

ART. 3. — « Les individus qui auront changé de nationalité soit
durant leur minorité, soit dans l'année qui aura suivi leur majorité, conformément aux dispositions légales visées dans les articles
1 et 2 de la présente convention, seront dégagés de tout service militaire dans le pays auquel ils appartenaient antérieurement et

astreints aux obligations militaires des jeunes gens de leur âge dans le pays auquel ils sont désormais rattachés.

Art. 4. — « Les jeunes gens nés en France de parents belges qui eux-mêmes y sont nés ne seront pas appelés au service militaire en Belgique.

Art. 5. — « Les enfants d'agents diplomatiques ou de consuls envoyés conservent la nationalité de leurs parents, à moins qu'ils ne réclament le bénéfice des lois des pays où ils sont nés.

Art. 6. — « Ne pourront être considérés comme étant de nationalité indéterminée, par application de l'article 7 de la loi belge du 3 juin 1870, les individus qui produiront un certificat émané d'un agent diplomatique français et duquel il résultera qu'ils sont reconnus comme Français.

Art. 7. — « Les deux gouvernements se communiqueront réciproquement et dans le plus bref délai possible les actes reçus par leurs autorités respectives dans les cas visés par la présente convention.

« Ils se signaleront, en outre, les individus qui se seront soustraits au service militaire dans l'un des deux pays, en excipant de la qualité de nationaux de l'autre.

Art. 8. — « Les individus qui, avant la mise en vigueur de la présente convention, ont satisfait à la loi militaire dans l'un des deux pays, sont dégagés du service militaire dans l'autre.

Art. 9. — « La présente convention est conclue pour cinq ans, à partir de l'échange des ratifications. Dans le cas où aucune des hautes parties contractantes n'aurait notifié, une année avant l'expiration de ce terme, son intention d'en faire cesser les effets, la convention continuera d'être obligatoire encore une année, à compter du jour où l'une des parties l'aura dénoncée. »

C'est par son article 4, surtout, que la convention du 30 juillet 1891 diffère de celle qui avait été conclue le 5 juillet 1879 et qui disposait dans son article 3 au sujet des individus nés en France de parents belges qui eux-mêmes y sont nés. Les jeunes gens de cette catégorie n'ont plus devant eux l'alternative que les lois de 1851 et de 1874 leur avaient ouverte ; ils serviront uniquement la France. La Belgique reconnaît ainsi l'effet le plus important de l'innovation capitale de la loi du 26 juin 1889.

Le gouvernement belge, dans son exposé des motifs, s'est expliqué à cet égard dans les termes suivants :

« Une telle disposition peut sans doute n'être pas à l'abri de

« toute critique ; elle constitue en effet de notre part une conces-
« sion importante, sans qu'il nous soit accordé d'avantage réci-
« proque en retour. Mais l'intérêt des familles ne commandait-il
« pas' en quelque sorte, sa ligne de conduite au gouvernement ?
« Fallait-il continuer à imposer des obligations de milice dans le
« royaume à des jeunes gens devant fatalement servir dans un
« pays voisin auquel leur famille s'est rattachée par une résidence
« parfois d'une durée d'un siècle ? Le gouvernement du Roi ne l'a
« pas pensé. Quoiqu'il en soit, avant de souscrire à l'article 4, il
« s'est efforcé, mais en vain, d'obtenir quelques tempéraments à
« l'application de l'article 8, n° 3, du Code civil français ; la corres-
« pondance échangée n'a pas permis de douter qu'une insistance
« plus grande de notre part aurait compromis le sort de la conven-
« tion tout entière ».

Au reste, le sacrifice matériel que fait la Belgique n'est pas bien
grand. Dans le rapport à la Chambre des représentants il est dit :
« La situation de fait ne sera guère changée au point de vue de
« la composition de notre armée. Qui ne sait que, jusqu'à la loi
« du 26 juin 1889, la plupart des jeunes gens qui se trouvaient
« dans ce cas (qui se rattachaient à la France par le fait de deux
« générations consécutives sur le sol français) excipaient de leur
« qualité de Belge pour ne point servir la France, mais se gardaient
« bien de passer la frontière et de remplir leurs devoirs militaires
« en Belgique. »

Ces déclarations sont précieuses ; elles témoignent de la sagesse
avec laquelle on a accueilli en Belgique l'attribution de la nationalité française aux personnes dont il s'agit ; on a eu le sentiment
que cette mesure n'avait été prise que sous l'empire de nécessités
manifestes et pressantes.

Les trois premiers articles de la convention concernent les diverses catégories de jeunes gens qui, appartenant à la fois aux deux
pays, ou bien appartenant à l'un, mais se rattachant aussi à l'autre
soit par leur naissance sur son territoire, soit par la naturalisation
de leur père, ont le droit d'opter pour l'un ou pour l'autre. Conformément à la pensée qui déjà avait été l'âme de la convention de
1879, l'appel sous les drapeaux est suspendu pour eux, dans les
deux pays, jusqu'à ce qu'ils aient atteint leur vingt-deuxième
année, et désormais ils ne serviront que la patrie qu'ils auront eux-
mêmes expressément ou tacitement choisie.

Mais pourront-ils, au cas où ils y auront intérêt, devancer l'appel, en prenant parti sur leur nationalité, s'il y a lieu, sans attendre l'expiration du délai qui leur est accordé, et, s'ils le font en temps de minorité, leur décision sera-t-elle irrévocable? C'est la double question qu'avait nettement et affirmativement résolue la convention de 1879, dans son article 2, et c'est pourquoi cet acte était demeuré si longtemps sans obtenir l'approbation de la Chambre belge. On a vu qu'en dernier lieu les idées s'étaient modifiées, puis entièrement transformées sur ce point en Belgique. Aussi, bien que la convention de 1891 n'y consacre pas une disposition spéciale, ne doit-on pas douter que la question n'ait été résolue dans le sens de l'affirmative.

Tout d'abord, que les intéressés ne soient pas tenus d'attendre leur vingt-deuxième année, plusieurs preuves peuvent en être données. La première est que l'inscription suspendue en Belgique ou en France est seulement, aux termes des articles 1 et 2, l'inscription « d'office ». En second lieu, les exposés de motifs, de part et d'autre, se sont formellement expliqués. Le gouvernement français a dit : « Si les articles 1 et 2 ont pour objet d'assurer aux jeunes
« gens appelés au service militaire dans les deux pays les délais
« nécessaires pour leur permettre de choisir l'une des deux natio-
« nalités sans avoir à craindre, cette option une fois faite, d'être
« traités en réfractaires dans l'autre, il est bien entendu qu'il leur
« est toujours loisible de solliciter, si bon leur semble, leur ins-
« cription sur les listes du recrutement à l'âge normal, ainsi que
« pourraient avoir à le faire ceux qui entendent se prévaloir des
« dispositions de l'article 11 de notre décret d'administration pu-
« blique du 13 août 1889. C'est pour ne laisser aucun doute sur
« ce point que les négociateurs ont cru devoir insérer le mot
« « d'office » dans le texte des articles 1 et 2 de la convention. »
De même, le gouvernement belge : « Aux termes de l'article pre-
« mier, tous les individus tombant sous l'application des ar-
« ticles 8, § 4, 9, § 1, 12, § 3 et 18 du Code civil français ne seront
« plus inscrits d'office avant vingt-deux ans en Belgique pour la
« milice ; il va de soi qu'ils pourront être inscrits à l'âge fixé par
« la loi s'ils en font la demande. »

Et comme, d'après les dernières lois civiles intervenues en Belgique et en France, l'option peut être faite par les mineurs ou en leur nom, ce n'est pas seulement dans le pays auquel ils appartiennent que les intéressés peuvent entrer au service militaire à l'âge normal, c'est même dans celui pour lequel il leur est permis d'opter. Sous ce rapport, le système de la convention de 1891 est plus complet que celui de la convention de 1879.

Seulement, il semble bien que l'exercice de la faculté dont il s'agit sera différent suivant qu'il aura lieu dans l'un ou dans l'autre des deux pays. Les jeunes Français qui ont le droit d'opter pour la Belgique ne pourront servir la France qu'à la condition de renoncer à leur droit d'option, ou du moins le fait de se faire porter sur les listes du recrutement entraînera la perte de ce droit, tandis que les jeunes Belges qui ont le droit d'opter pour la France pourront, sans y renoncer dès maintenant, servir leur pays; car le gouvernement belge, dans son exposé des motifs, après avoir dit qu'ils pourront être inscrits à l'âge fixé par la loi s'ils en font la demande, ajoute : « Et pour ce cas, des mesures administratives « seront prises en Belgique afin de les éclairer éventuellement : « *a*) sur les formalités qu'ils auront à remplir à l'effet de répudier « la nationalité française en temps utile; *b*) sur les conséquences « qu'entraînerait pour eux une option souscrite par application de « l'article 9 du Code civil français, après qu'ils auraient sollicité, « à dix-neuf ans, leur inscription en Belgique. »

Quant au caractère de l'option faite par les mineurs, c'est bien celui d'une option définitive. Tel a toujours été le sentiment du gouvernement français, et voici ce que contient l'exposé des motifs du gouvernement belge : « L'article 3 garantit à la Belgique que la France reconnaîtra les options de nature diverse souscrites, même en état de minorité, par ses nationaux, de même qu'il garantit à la France que la Belgique ne réclamera pas comme ses nationaux les individus ayant opté pour la France. »

Telle est l'économie générale de la convention franco-belge du 30 juillet 1891. Il n'y a pas lieu d'en commenter ici les autres dispositions; on remarquera seulement l'article 5, qui fait avec raison une situation particulière aux enfants des agents diplomatiques ou des consuls, et l'article 8, qui liquide le passé d'une manière équitable. Mais quelle est exactement la portée de cet acte? Il est qualifié de « convention entre la France et la Belgique relative à l'application des lois qui règlent le service militaire dans les deux pays. » Cette formule paraît bien signifier que les pouvoirs publics des deux pays ont entendu laisser intacts les principes admis de part et d'autre en matière de nationalité, par conséquent se sont volontairement abstenus de faire cesser l'antinomie des lois civiles,

dont l'effet est d'attribuer à beaucoup d'individus une qualité double
et contradictoire. Cette situation avait un inconvénient particulièrement grave relativement au service militaire. C'était à ce
point de vue que de vives souffrances étaient infligées aux particuliers, que d'ardentes réclamations s'étaient élevées. C'est sur ce
point que se sont concentrés l'attention et les efforts des pouvoirs
publics. C'est à ce mal que l'on a porté remède. Quant aux autres
conséquences du désaccord des deux législations, le traité n'en
disant rien, elles subsistent. Voilà le sens apparent de la rubrique
sous laquelle a été donné l'acte du 30 juillet 1891. Qu'en faut-il
penser ?

A mon avis, il faut, au lieu de s'en tenir à ces apparences, ana-
lyser de très près les travaux préparatoires de la convention, ce
qui comprend tout ce qui s'est fait en 1879 et depuis, en les rap-
prochant du texte, et sans oublier les innovations de notre loi du
26 juin 1889; et la conclusion en sera que, si le règlement des difficultés concernant le service militaire a été l'objet direct et principal du traité, la solution des questions de droit civil, à peu de
chose près, y est également contenue. C'est par des distinctions
successives que l'on aboutit à ce résultat.

Il importe, en premier lieu, d'observer que la convention peut
avoir un sens et des effets en France, un sens et des effets différents
en Belgique, parce que les lois avec lesquelles elle se combine ici
et là ne sont pas entièrement semblables et que, de part et d'autre,
on pouvait avoir, à certains égards, ses intérêts et ses vues propres.
Et c'est précisément la vérité.

Le gouvernement français paraît bien avoir constamment considéré l'option comme opérant un changement de nationalité complet. Ce fut une des causes de la longue résistance opposée par la
Chambre belge à la convention de 1879. En 1888 encore, le rapporteur de la commission belge, M. Anspach, écrivait au ministre des
affaires étrangères : « La commission croit savoir que le gouvernement français ne serait disposé à ratifier la convention du 5 juillet 1879 que s'il est bien entendu entre les hautes parties contractantes que les effets s'en feront sentir tant au point de vue des
droits civils et politiques que des obligations militaires. » C'était,
d'ailleurs, conforme à l'idée que le législateur français s'était faite
de l'option dans le Code civil, dans les lois de 1851 et de 1874, dans
les lois de 1882 et de 1883. Comment croire que, lors de la conven-
vention du 30 juillet 1891, quand la Belgique montrait les dispo-

sitions les plus favorables, on ait agi dans un autre sentiment?
C'est impossible.

A la vérité, l'exposé des motifs contient cette réserve : « Les né-
« gociateurs, en ce qui nous concerne, se sont proposé tout d'a-
« bord, comme but principal, de régulariser la situation, parti-
« culièrement digne d'intérêt, des diverses catégories de jeunes
« gens qui sont appelés au service à la fois dans les deux pays...
« On fera remarquer toutefois que, en poursuivant ce résultat, on
« s'est attaché à ne porter aucune atteinte aux principes généraux
« de notre nouvelle législation sur la nationalité. » Mais, préci-
cément, la nouvelle loi sur la nationalité contient un nouveau
principe avec lequel s'accorde fort bien l'effet absolu de l'option.
Jusque-là, nos lois décidaient que l'option pour la nationalité française rendait Français à tous égards, mais elles n'admettaient pas
que l'option pour une nationalité étrangère pût faire perdre la qualité de Français; de là le conflit avec les lois suisses et belges, qui
avait suscité les conventions du 5 et du 23 juillet 1879. Or, ainsi
qu'on l'a vu, l'une des innovations de la loi du 26 juin 1889 a été
de permettre à la fois, dans l'article 17, la naturalisation en pays
étranger et l'option pour une nationalité étrangère autorisée par
une loi, et d'y attacher le même effet, celui de faire perdre, à tous
les points de vue, la qualité de Français. Il est vrai que, pour l'une
comme pour l'autre, une permission du gouvernement français
paraît nécessaire à l'égard des jeunes gens soumis au service militaire dans l'armée active. Mais, quant à l'option pour la nationalité
belge, cette autorisation résulte précisément de la convention qui
vient d'être conclue.

Ainsi, au regard de la France, la rubrique sous laquelle est placé
cet acte est conçue de manière à en faire ressortir l'objet principal,
à savoir le service militaire, mais ne s'oppose nullement au déve-
loppement normal des autres conséquences de la nationalité.

Au regard de la Belgique, la situation est beaucoup moins nette.
Elle semble même, à première vue, extrêmement indécise; car les
nombreuses déclarations que le gouvernement et les commissions
belges ont faites, au cours des négociations concernant et la Convention de 1879 et celle de 1891, paraissent, tant qu'elles n'ont pas
été analysées avec un soin minutieux, absolument contradictoires.
Toutefois, une étude attentive de ces documents conduit, si je ne
me trompe, à constater une importante distinction entre les vues
du gouvernement et des commissions belges au sujet des individus

nés ,en France de parents belges qui eux-mêmes y sont nés et leur sentiment à l'égard des autres personnes dont le sort était en cause.

Toutefois, cette distinction n'apparaît pas au début. De 1879 à 1888, il y eut complet désaccord entre les hautes parties signataires de la première convention. Lors des pourparlers entre le gouvernement belge et la section centrale, au reproche de « toucher au Code civil » qui lui était adressé par la section, le gouvernement répondit : « Ce serait à tort que l'on supposerait chez les négociateurs l'intention de trancher la controverse relative à l'article 9 du Code civil ; la Convention est une simple convention de milice ; elle laisse intacts les droits civils des citoyens. » La section prit acte de cette déclaration et, profitant de ses avantages, demanda formellement que la Convention fût modifiée. « Nous avons appris
« avec satisfaction, dit-elle, que le traité, dans la pensée du gou-
« vernement, doit laisser intact le Code civil. Le gouvernement
« reconnaîtra aisément dès lors la nécessité de mettre le texte en
« harmonie avec la volonté qu'il doit exprimer. Or, le texte de
« l'article 2 est absolu. C'est à l'option dont dépend sa nationalité,
« avec tous les effets que les lois y attachent, que le mineur doit
« renoncer. L'article 3 n'est pas moins précis. Les Belges dont il
« s'occupe doivent, s'ils veulent servir en France, renoncer à
« réclamer leur qualité d'étrangers, s'obliger, au contraire, à la
« réclamer s'ils veulent servir en Belgique. Le texte contredit
« donc la volonté certaine des négociateurs. Le gouvernement
« a-t-il l'intention de reconnaître à un individu une nationalité
« au point de vue des lois de milice et une autre nationalité pour
« la généralité des lois civiles et politiques ? » A cette question pressante le gouvernement ne répondit pas, du moins par écrit. Et ses explications orales ne furent pas jugées satisfaisantes. C'est que les vues du gouvernement français étaient diamétralement opposées aux siennes et par conséquent que la Convention ne pouvait pas être modifiée. D'où la suspension des pourparlers entre le gouvernement et la section belges et des négociations entre la Belgique et la France.

C'est lorsque l'on revint, en 1888, à la convention abandonnée depuis neuf ans que la nouvelle commission belge, tout en donnant à cet acte une adhésion entière, lui assigna pour la première fois une portée différente suivant la classe des personnes dont il réglait le sort. Parlant des individus qu'avaient en vue les articles 9 et 10 des deux Codes ou les lois sur la naturalisation, et de leur option en

temps de minorité, le rapporteur, M. Anspach, dit, sans faire aucune réserve : « Dans sa lettre, en date du 29 juillet 1879, la sec-
« tion centrale constatait que le gouvernement n'attribuait point à
« la convention l'effet de modifier le Code civil... Aujourd'hui, la
« situation est changée... Il n'y a rien qui s'oppose à ce que la con-
« vention porte atteinte au Code civil. La commission croit savoir,
« d'ailleurs, que le gouvernement français ne serait disposé à ra-
« tifier la convention du 5 juillet 1879 que s'il est bien entendu
« entre les hautes parties contractantes que les effets s'en feront
« sentir tant au point de vue des droits civils et politiques que des
« obligations militaires. » Et, de même, le ministre des affaires
étrangères : « Il est, d'ailleurs, bien certain, comme le croit la
« commission spéciale, que le gouvernement français ne ratifiera
« que si la convention a un effet définitif à tous les points de vue. »
Ainsi, des deux côtés, on est d'accord pour attribuer à la convention, à l'égard de ces personnes, une portée absolue. Mais combien
il en est autrement pour les individus nés en France de parents
belges nés en France eux-mêmes ! « Ici, dit plus loin la commis-
« sion, rien n'est changé en ce qui concerne les droits civils des
« individus... Dans le cas où le milicien a négligé de faire à sa
« majorité la déclaration d'extranéité que lui demande la France,
« comme dans le cas où, s'engageant en France avant sa majorité,
« il a promis de ne point faire sa déclaration d'extranéité, la si-
« tuation légale actuelle reste ce qu'elle était : en France, il est
« considéré comme Français, exclusivement Français ; en Bel-
« gique, comme Belge, exclusivement Belge. Seulement, le gou-
« vernement belge s'interdit de lui imposer le service militaire...
« La préoccupation d'éviter que l'article 3 de la convention n'eût
« en Belgique quelque effet à un autre point de vue qu'à un point
« de vue purement militaire a engagé votre commission à ne
« point insérer dans le texte même du projet de loi les lois fran-
« çaises de 1851 et de 1874. La publication de ces deux documents
« en annexes suffira pour les faire connaître..., mais elle n'en fera
« pas des lois du royaume de nature à porter atteinte à l'appli-
« cation de l'article 10 du Code civil... »

Et cette distinction se trouve reproduite au sujet de la convention du 30 juillet 1891. Commentant les trois premiers articles
de cet acte, la troisième commission belge, dont le rapporteur est
encore M. Anspach, emploie constamment, comme ces textes eux-
mêmes, les expressions de « changement de nationalité », de
« choix entre les deux nationalités », d'« acquisition de la qualité de

Belge ou de la qualité de Français. » Il dit, notamment, à propos
de l'article 3 : « L'article 3 porte : « Les individus qui auront changé
« de nationalité. » L'expression n'est peut-être pas tout à fait
« juste. Il s'agit, dans presque tous les cas qui nous occupent, de
« jeunes gens qui ont pendant leur minorité virtuellement deux
« nationalités différentes, selon qu'on se place au point de vue de
« l'une ou de l'autre des deux législations. Ils se bornent, la plu-
« part du temps, si l'on excepte le cas des articles 9 des deux
« Codes civils, non à changer de nationalité, mais à choisir celui
« des deux pays auquel ils s'attachent. Votre commission spéciale
« pense donc, et la Chambre la suivra sans doute dans cette inter-
« prétation, que l'article doit être compris comme s'il portait que,
« chaque fois que la nationalité des individus visés aux articles 1
« et 2 de la convention aurait été déterminée soit durant leur mi-
« norité, soit dans l'année qui suivra leur majorité..., ils seront
« dégagés de tout service militaire dans celui des deux pays dont
« ils n'ont point acquis ou conservé la nationalité... » Comme on
le voit, rien n'est dit qui témoigne de la volonté de considérer
l'option comme purement relative. Au contraire, quand elle arrive
aux jeunes gens nés en France de parents belges qui eux-mêmes y
sont nés, lesquels, d'après la loi du 26 juin 1889, ont maintenant
la qualité pure et simple de Français, la commission consent bien
à les exempter du service militaire en Belgique, mais elle ajoute :
« Il faut noter d'ailleurs qu'en s'interdisant d'appeler ces jeunes
« gens au service militaire, le gouvernement belge ne reconnaît
« point leur qualité de Français. La convention n'a point ce but. »
Et, de même, la commission du Sénat : « Ces jeunes gens sont
Belges. » Aussi, pareillement, l'article 4 du traité, à la différence de l'article 3, s'abstient-il rigoureusement de toute énon-
ciation, même indirecte, concernant la nationalité des jeunes gens
dont il s'occupe.

Voilà simplement en quoi la convention du 30 juillet 1891 est
demeurée étrangère au droit civil. A l'égard des individus nés en
France de parents belges qui eux-mêmes y sont nés, la Belgique,
tout en acceptant de bonne grâce, quant au service militaire, les
conséquences de notre loi du 26 juin 1889, a formellement
protesté contre le principe même qu'avait consacré cette loi. Pro-
testation théorique, d'ailleurs, plutôt qu'affirmation d'un principe
destiné à produire des conséquences pratiques. Il sera bien difficile
aux juges, statuant sur des questions de droit civil, d'attribuer
aux personnes dont il s'agit la qualité de Belges, surtout après

qu'elles auront servi dans les armées françaises, alors que peut-être elles occuperont en France des fonctions publiques importantes. S'il leur arrive de se prononcer quand même en ce sens, leur jugement paraîtra bien rigoureux et hâtera sans doute le moment où la Belgique se décidera à reconnaître entièrement notre loi du 26 juin 1889, en prenant chez elle des mesures identiques.

La commission belge a pressenti elle-même que cette heure était prochaine. « Le principe qui domine toute la convention, « a-t-elle dit, est celui de la reconnaissance, en ce qui concerne « le service militaire, par chacun des deux pays des actes accom- « plis dans l'autre, quand ces actes ont pour but de déterminer la « nationalité des individus que l'un et l'autre des deux pays pour- « raient réclamer comme étant des nationaux. On ne peut assez se « féliciter de ce résul at qui contient, sans donte, le germe d'une « législation internationale future, reconnaissant la valeur dans « tous les domaines de ces actes acquisitifs de nationalité, et leur « appliquant la règle *locus regit actum*, en attendant qu'on arrive « plus tard, peut-être, à une unification complète des législations « du monde civilisé en matière d'indigénat. » Ce n'est là, il est vrai, qu'un vœu général et un peu vague. Mais ailleurs, après avoir déclaré que le gouvernement belge n'entendait pas reconnaître la qualité de Français aux individus nés en France de Belges nés en France eux-mêmes, le rapport ajoute : « Reste à sa- « voir si la Belgique n'aurait pas intérêt à rompre complètement, « et non seulement au point de vue du service militaire, avec une « population qui, établie depuis des générations à l'étranger, n'a « plus aucun lien réel avec la mère patrie et ne se réclame « d'elle que lorsqu'il faut tomber à sa charge sans jamais lui « rendre aucun service. N'y aurait-il peut-être pas lieu de déroger « par une loi au principe qui veut que l'établissement à l'étran- « ger sans esprit de retour ne se présume pas, et de statuer que le « fait de la naissance de deux générations successives sur un même « sol étranger constitue, pour la seconde de ces générations, une « présomption *juris et de jure* de la perte de la qualité de Belge par « l'établissement à l'étranger sans esprit de retour. Votre com- « mission attire sur ce point l'attention du gouvernement et le « prie d'examiner aussi s'il ne serait pas utile d'apporter à notre « législation sur l'indigénat des modifications consacrant des « principes analogues à ceux des articles, 8, 12 et 18 du Code « civil français. »

C'est la solution définitive indiquée par la nature même des choses. En attendant qu'elle soit réalisée, les juges belges, sans doute, atténueront les conséquences de la double nationalité maintenue à certaines personnes au moyen de la règle concernant la perte de la qualité de Belge par un établissement en pays étranger sans esprit de retour.

VI

Bien que la convention franco-belge n'ait pas entièrement résolu les questions de droit civil auxquelles donne lieu le conflit des lois françaises avec les lois belges, elle pourrait servir de modèle pour d'autres accords de même nature avec les pays dont la législation n'est pas non plus en harmonie avec la nôtre, notamment avec l'Espagne et avec l'Italie.

En Espagne, les individus nés de nationaux en pays étranger sont nationaux; en même temps, les individus nés sur le territoire de parents étrangers sont également nationaux, aux termes de l'article 1er de la Constitution de 1876; ou plutôt, en vertu de l'interprétation d'un texte identique donnée en 1837 et confirmée par un décret du 17 novembre 1852, ils naissent étrangers, mais avec le droit d'opter pour la nationalité espagnole; ils exercent ce droit conformément à l'article 103 de la loi de 1870 sur l'enregistrement (1). Ces dispositions de la loi espagnole sont donc en conflit avec les articles 8 et 9 de notre Code civil, modifiés par la loi du 26 juin 1889.

Au point de vue du service militaire, un accord bien singulier est intervenu entre les deux pays ; c'est la disposition de l'article 5 de la Convention consulaire du 7 janvier 1862, ainsi conçu : « Les Espagnols nés en France, lesquels, ayant atteint l'âge de vingt ans, y seraient compris dans le contingent militaire, devront produire devant les autorités civiles ou militaires compétentes un certificat établissant qu'ils ont tiré au sort en Espagne. Et, réciproquement, les Français nés en Espagne qui y seraient appelés au service militaire devront, dans le cas où les documents présentés par eux ne paraîtraient pas suffisants pour établir leur origine, fournir, l'année suivante, aux autorités compétentes, à

(1) Voy. Cogordan, *La nationalité au point de vue des rapports internationaux*, p. 59 et suiv.

l'époque du tirage, un certificat constatant qu'ils ont satisfait à la loi du recrutement en France. A défaut de ce document en bonne forme, l'individu désigné par le sort pour le service militaire, dans la commune où il est né, devra faire partie du contingent de cette commune ». Ce règlement est tout à fait défectueux. Relativement aux Espagnols nés en France, il est contraire au principe que les Français seuls sont admis à servir dans l'armée française. La contradiction est si manifeste qu'un auteur estime que, de ce chef, la convention ne devrait pas être appliquée (1). C'est le système établi dans la convention franco-belge du 30 juillet 1891 qu'il faudrait y substituer.

En Italie, le Code civil, dans ses articles 4 à 15, contient plusieurs dispositions qui sont en désaccord avec la législation française. Ainsi, notamment, le principe étant, aux termes de l'article 4, que la filiation détermine la nationalité de l'enfant, à sa naissance, les individus nés en France de parents italiens qui eux-mêmes y sont nés sont à la fois Italiens et Français. D'autre part, l'article 10 confère la nationalité italienne aux enfants mineurs des étrangers naturalisés Italiens, lorsque les uns et les autres ont fixé leur résidence en Italie, sauf le droit d'y renoncer dans l'année de leur majorité, tandis que ces enfants demeurent dans les liens de la nationalité française. Voilà des éléments de conflits certains. Dans d'autres cas, les principes adoptés dans les deux législations, depuis la loi française du 26 juin 1889, permettront aux intéressés de choisir entre les deux pays, si toutefois la jurisprudence consent à lever les difficultés de détail. Le droit d'option est en effet reconnu, de part et d'autre, aux enfants nés en Italie de parents français et aux enfants nés de parents italiens en France. Toutefois, même quant à ces catégories d'individus, les lois militaires ne sont pas en harmonie avec les lois civiles. Un accord semblable à la convention franco-belge de 1891 serait donc à la fois désirable et d'une réalisation facile (2).

(1) Cogordan, *loc. cit.*, p. 62.
(2) Voy. en ce sens la dissertation de M. Giulio Diena, avocat à Venise, dans le *Journal du droit international privé* de M. Clunet, 1891, p. 435.

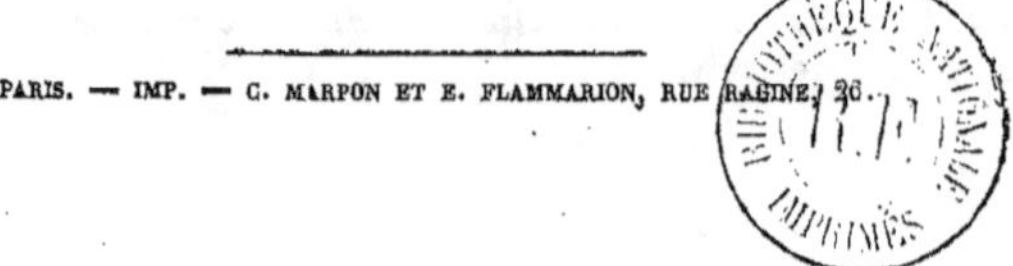

PARIS. — IMP. — C. MARPON ET E. FLAMMARION, RUE RACINE, 26.